はじめて学ぶ
少額短期保険

ニッセイ基礎研究所
MATSUZAWA NOBORU
松澤 登

HM 保険毎日新聞社

はじめに

　本書は少額短期保険業者およびその商品、事業について取り扱うものである。第1章で詳述するが、少額短期保険業者のそもそもの成り立ちは、いわゆる「根拠法のない共済」と呼ばれていた諸団体が保険業法の枠外で発展してきたものを、保険会社よりも一般に緩やかであるが、相応の規制を課したうえで保険業法に法定の制度として取り込むために設計された制度である。

　法改正後、経過期間を経て、「根拠法のない共済」が少額短期保険業者へと移行した（保険会社になったり、廃業したりしたものもあった）。昨今では比較的に柔軟な規制であることに着目し、新規に少額短期保険業者が設立され、あるいは既存の少額短期保険業者を保険会社が買収のうえ、商品の刷新を図るなど特色のある保険商品を提供することで業界は活況を呈している。

　本書は、少額短期保険業の全体像を知りたいと考える学生やビジネスマンに対して解説することを目的としている。まず第1章では、少額短期保険業者は何かということと、そのマーケットについて概況を生命保険業界や損害保険業界と比較しつつ解説する。第2章では、少額短期保険業に係る法規制について触れることとする。第3章では、少額短期保険業者の商品の内容を解説する。ここで保険会社であれば資産運用などもビジネスの中核として解説を行うところだが、少額短期保険業者は預貯金と国債以外の資産運用が認められていないため、商品面の説明のみ行うこととした。第4章では昨今、既存の保険会社グループがその事業展開のために少額短期保険業者を設立することが行われているので、グループでの少額短期保険業者の位置付けなどの状況を解説する。最後の第5章では、ICTを中心とした少額短期保険業の現状と今後の展望を解説する。

　本書を手に取っていただいた読者になるべくわかりやすく、かつ端的に情報をお伝えしたいと考えている。

令和5年8月

松澤　登

凡　例

本書の法令名等について、原則として正式名称を使用するが、一部について、以下の略称・略記を用いる。

法……………………………保険業法
改正法………………………2005年改正2006年施行保険業法（保険業法等の一部を改正する法律（平成17年法律第38号））
令または政令………………保険業法施行令
規または規則………………保険業法施行規則
監督指針……………………少額短期保険業者向けの監督指針
少短…………………………少額短期保険あるいは少額短期保険株式会社

「障害」の表記について、法令や条文、専門用語としての解説では漢字の「障害」を使用し、各社商品に関する記載では原文どおりのひらがな「障がい」を使用している。

目　次

第3章　少額短期保険業者の主な商品内容 *91*

第4章　グループ会社としての少額短期保険業者　　*143*

| 第5章 | 少額短期保険業者の現状と展望
──ICT 進展を中心に | *191* |

第1章
少額短期保険の基礎、沿革とマーケット

　第1章では全体を理解するために「少額短期保険業者」とはどういうものかについてを生命保険会社、損害保険会社と比較して解説を行う。同じ保険を引き受ける事業者でありながら、どこがどう違うのかを理解していただければと思う。

　その後、少額短期保険業者制度ができた経緯について解説を行う。少額短期保険業者に該当する、いわゆる「根拠法のない共済」事業者は、少額短期保険業者制度を導入した2006年4月成立の改正法以前から存在したが、少額短期保険業者制度ができてからまだ十数年というところである。

　本章中盤では、制度成立までにどのような議論が行われ、どのように制度が組み立てられていったのかを説明することとしたい。

　第1章の最後は少額短期保険業者の市場について数字を見てみることとする。少額短期保険協会では、家財、生保・医療、ペット、費用・その他の4分野に分けて業績を公表している。生保業界、損保業界の数字とも比較してどのような規模でどう成長しているのかを見ることとしたい。

1 ┃ 保険引受事業形態から見た少額短期保険業

(1)　保険事業の形態

　少額短期保険業者は法が認める保険事業を営む者の一形態である。マスメディアなどでは「ミニ保険」などと紹介されることがある。ミニたるゆえんは引受けができる保険契約の保険金額と保険期間に上限があることと、1つの少額短期保険業者が収受できる保険料総額に上限があるためである（図表1）。そのほかにも規制・制約があるが、詳しくは本章のこの後および**第2章**において述べることとする。

　法はまず法定の例外規定を除き、内閣総理大臣の免許を受けた者でなければ、保険業を行うことはできないとする（法3条1項）。そして法を根拠とする保険業を営む者としては主に以下の4つの事業形態を認めている。ただし、これらイ）〜ニ）のうち、免許を受けることができるのはイ）〜ハ）に限られている。

イ）生命保険会社	ハ）外国保険会社等
ロ）損害保険会社	ニ）少額短期保険業者

図表1　少額短期保険のイメージ

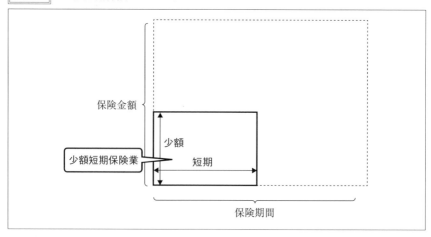

　なお、法は「他の法律に規定のあるもの」による保険引受事業には法を適用しないと規定している（法2条1項1号）。

　したがって、たとえば農業協同組合法に基づくJA共済や、消費者協同組合法に基づくこくみん共済coop（旧全労済）などが行う共済事業には法は適用されない。つまり少額短期保険業者が提供するいわゆる共済と、JA共済などが提供する共済は根拠法が異なる。

(2)　生命保険会社

　上記(1)イ）の生命保険会社とは、監督官庁から生命保険業免許を受けた者をいう（法2条3項）。

　まず、生命保険業とは人の生存または死亡に関して一定額の保険金額を支払うことを約し、保険料を収受する保険等（死亡保険・個人年金等）の引受けを行う事業をいう（法3条4項1号）。そして生命保険業免許とは、このような生命保険の引受けを行う事業、またはこれとあわせて医療保険などいわゆる第三分野の保険の引受けの事業（同項2号）もしくは生命保険・第三分野保険の再保険の引受けの事業（同項3号）に係る免許とされている（同項柱書）。

　なお、第三分野の保険とは、人が疾病にかかったこと、傷害を受けたことまたは疾病にかかったことを原因とする人の状態などに関して、一定の保険金を支払うことまたはこれらによって生ずることのある当該人の損害をてん補することを約し、保険料を収受する保険とされている（法3条4項2号）（図表2）。

　生命保険会社においては、その提供する生命保険契約や第三分野の保険契約に保険金額や保険期間に対する制限は法律上存在しない。なお、生命保険会社は損害保険業免許を取得することはできない（法3条3項）。言い換えると生命保険業と損害保険業は一社で兼営することはできない（生損保兼営禁止）。

図表2　生命保険会社

生命保険会社	人の生存・死亡に関して保険を引き受ける事業 医療保険など第三分野の保険事業 生命保険・第三分野の再保険事業

| 図表3 | 損害保険会社 |

損害保険会社	偶然の事故による損害をてん補する事業
	医療保険など第三分野の保険事業
	外国旅行保険を引き受ける事業

(3)　損害保険会社

　上記(1)ロ）の損害保険会社とは、監督官庁から損害保険業免許を受けた者である（法2条4項）。

　まず損害保険業とは一定の偶然の事故による損害をてん補することを約し、保険料を収受する保険等（火災保険・賠償保険等）を引き受ける事業をいう（法3条5項1号）。そして損害保険業免許とは、損害保険の引受けを行う事業、またはこれとあわせて医療保険などいわゆる第三分野の保険引受けの事業（同項2号）もしくは外国旅行保険引受けの事業（同項3号）に係る免許とされている（同項）。損害保険会社も生命保険会社同様に、損害保険契約等について引受可能な保険金額や保険期間の法的な制限はないが、生命保険業免許を取得することはできない（同条3項）（図表3）。

(4)　外国保険会社等

　上記(1)ハ）の外国保険会社等とは、外国で設立され、外国で保険業を営んでいる事業者（外国保険業者：法2条6項）であって、日本に支店等を設けることによって日本で保険業を営む者をいう（同条7項）。日本に支店のない外国保険業者は一定の例外を除き、日本に住所等のある人や、日本国内の財産に係る保険を引き受けることができない。しかし外国保険業者はその支店を日本国内に設けることにより「外国保険会社等」となり、日本で保険業を営むことができる（法185条1項）（図表4）。

　外国保険会社等は外国生命保険業免許あるいは外国損害保険業免許を取得すべきこととされ（法185条2項）、この2種の事業の兼営は禁止されている（同条3項）。

　外国保険会社等においては、生命保険会社、損害保険会社と同様に保険金

図表4　外国保険会社等

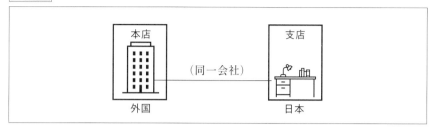

額・保険期間の法的な制限はない。

(5) 少額短期保険業者

　上記(1)ニ）の少額短期保険業とは、保険業のうち、保険期間が2年以内の政令で定める期間であって、保険金額が1000万円を超えない範囲内において政令で定める金額以下の保険のみを引き受ける事業をいう（法2条17項）とされている。

　少額短期保険業者とは内閣総理大臣の登録を受けて、少額短期保険業を行う者をいう（法2条18項）。内閣総理大臣（この場合は財務局長等に委任）の登録を受けた者は、法3条1項（＝保険業を営むには免許を要する）にかかわらず保険業を営むことができる（法272条1項）とされている。

　少額短期保険業には生命保険業と損害保険業の兼営禁止規定の適用がない。つまり生命保険会社が引き受けることのできる種類の保険と、損害保険会社が引き受けることのできる種類の保険の併売が可能ということである。このことを踏まえて、生命保険会社、損害保険会社と少額短期保険業者の業務の大まかな区分イメージは図表5（次頁）のようになる。

　法2条17号でいう政令で定める期間とは、原則として1年だが、損害保険にあっては2年とされている（令1条の5）。また、同じく政令で定めることとされている上限金額については保険種類ごとに定められており、具体的には図表6（次頁）のとおりとなっている（令1条の6）。

　図表6の⑤で調整規定付傷害死亡保険とあるのは、同一の被保険者について、⑤傷害死亡保険と①死亡保険をあわせて引き受ける場合において、傷害死

図表5　生命保険会社・損害保険会社・少額短期保険業者のイメージ

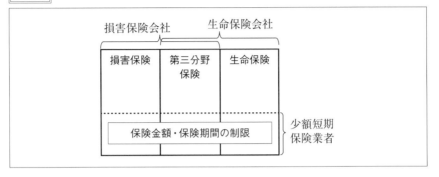

図表6　商品別の金額上限

保険種類	金　額	保険種類	金　額
① 死亡保険	300万円	⑤ 傷害死亡保険	300万円
② 傷害疾病保険	80万円	（調整規定付傷害死亡保険）	(600万円)
③ 重度障害保険	300万円	⑥ 損害保険	1000万円
④ 特定重度障害保険	600万円	⑦ 低発生率保険	1000万円

亡保険に係る保険金の支払等により、死亡保険の保険金額から傷害死亡保険金の支払等に係る金額に相当する部分が減額されるものとされているものをいう（令1条の6第5号）。

　具体例を挙げると、調整規定付傷害死亡保険600万円と死亡保険300万円の両方を付した場合において、傷害により死亡した場合であっても死亡保険金額は（600万円＋300万円である）900万円ではなく、傷害死亡保険の上限である600万円が支払われるものである。すなわち死亡保険300万全額に相当する保険金額がすでに傷害死亡保険で支払われているため傷害死亡保険金額のみが支払われることとなる（**図表7**）。なお、疾病で死亡した場合は①死亡保険の300万円のみ支払われる。

　あわせて1人の被保険者について、①から⑥の保険種類を合計して一人当たり1000万円を超えないこととされている（令1条の6柱書）。これとは別途、⑦

図表7	調整規定付傷害死亡保険

例1　契約：死亡保険300万円、調整規定付傷害死亡保険600万円
　　　　疾病で死亡⇒300万円
　　　　交通事故で死亡⇒600万円
例2　契約：死亡保険300万円、調整規定付傷害死亡保険500万円
　　　　疾病で死亡⇒300万円
　　　　交通事故で死亡⇒500万円

図表8	少額短期保険業者が引受けできない保険契約

イ）人の生存に関し、一定額の保険金を支払うことを約する保険
ロ）保険期間の満了後満期返戻金を支払うことを約する保険
ハ）特別勘定を設けなければならない保険
ニ）再保険
ホ）保険料または保険金、返戻金その他の給付金の額が外国通貨で表示された保険
ヘ）保険金の全部または一部を定期的に、または分割払いの方法により支払う保険
　　であってその支払いの期間が1年を超えるもの

の低発生率保険を1000万円付保することができる。

　ここで被保険者とあるのは、保険の対象になる人についての制限であること
を意味する。別途、少額短期保険業者と保険契約を締結する保険契約者に関す
る制限があるが、それは**第2章**で述べる。

　少額短期保険業者においては上記で述べたとおり生命保険型商品と損害保険
型商品の両方を同時に引き受けることができる。ただし、少額短期保険業が導
入された経緯（後述2「少額短期保険制度導入の概要」を参照）やその性格から、
図表8に掲げる商品については引受けができないこととされている（令1条の
7）。

　具体的に引受けできない商品の例を挙げると、年金保険（イ）、養老保険
（イまたはロ）、積立型保険（ロ）、変額保険（ハ）、再保険（ニ）、外貨建て保険
（ホ）、保険金を年金として支払う保険（ヘ）などが該当する。

　また、少額短期保険業者は小規模事業者、すなわち、その少額短期保険業者

図表9 少額短期保険業者の規模規制

（算式）　A－B≦50億円

A
・一事業年度において収受した保険料または収受すべきことが確定した保険料（当該保険料のうち払い戻したものまたは払い戻すべきものがある場合にはその金額を控除した金額）および
・再保険返戻金および受再保険会社から収受する保険料の合計額

B
・当該事業年度において支払った再保険料および解約返戻金または支払うべきことの確定した再保険料および解約返戻金の合計額

が1年度内に収受する保険料が政令で定める基準を超えないものでなければならない（法272条2項）とされている。この基準は、前事業年度の年間収受保険料が50億円であることとされている（令38条）。50億円を超過した場合は保険会社になることが本来であるが、生命保険と損害保険の両方の商品を取り扱っている場合は、保険会社における生損保兼営禁止が障害となる。実際には、別会社を設立して共同引受けを行うことがある模様である[1]。

　具体的な算式は、**図表9**のとおりである（令38条、規211条）。

⑹　保険業から除外される引受事業

　一定の保険引受事業は、その規模や事業の性格から法を適用しないこととされている（法2条1項2号・3号）。したがって上記⑸で述べたところによって保険業の定義に該当した場合であっても、保険会社あるいは少額短期保険業者としての登録等を必要としない。これらの事業形態は少額短期保険業の登録を要するかどうかで問題となることが多いので、ここで取り上げることとする。

　まず規模については、1000人以下の者を相手方とする保険事業は法の規制対

1）このような共同引受けも2社程度なら問題視されることはないと思われるが、たとえば10社で共同引受けを行って1億円の保険引受けを行うとすればどうであろうか。規制の潜脱行為とされる懸念なしとしない。

| 図表10 | 法規制対象外となる保険引受事業（概要）|

> イ）地方公共団体がその住民を相手方として行うもの
> ロ）一の会社等またはその役員もしくは使用人が構成する団体がその役員もしくは
> 　使用人またはこれらの者の親族を相手方として行うもの
> ハ）一の労働組合がその組合員またはその親族を相手方として行うもの
> ニ）会社が同一の会社の集団に属する他の会社を相手方として行うもの
> ホ）一の学校またはその学生が構成する団体がその学生または生徒を相手方として
> 　行うもの
> ヘ）一の地縁による団体がその構成員を相手方として行うもの
> ト）イからへまでに掲げるものに準ずるものとして政令で定めるもの

象とならない（法2条1項3号、令1条の4第1項）。また、**図表10**に列挙したものも法の規制対象外である（法2条1項2号）。

　これを見ると自治体や企業、労働組合、学校、町内会などが、その構成員を被保険者として保険事業を行うものが法の適用対象外となっている。また、講や無尽、社員の少額の福利厚生など一般には保険と意識されていないものも法の適用外となる。

2 少額短期保険業制度導入の概要

　ここからは少額短期保険業の制度が導入されたまでの経緯を振り返ってみたい。現在の先端的な保険事業の先行実施の場、あるいは簡易・簡素ではあるが消費者ニーズに合致する商品を柔軟に提供する場としての少額短期保険業の現状とはイメージが相当に異なるとは思われるが、歴史的経緯として踏まえておくことが必要と考える。

(1) 根拠法のない共済の規制検討の経緯

　少額短期保険業の規制は2005年の第162回通常国会で成立した改正法により導入された。議論はその前年である2004年1月の金融審議会金融分科会第二部会で検討課題に挙げられたところから開始された。

　金融審議会の議論が進められていた2004年10月には、総務省行政評価局による「根拠法のない共済に関する調査結果報告書」(以下、総務省調査) が公表された。総務省調査は調査時点から遡って数年前から根拠法のない共済が急増し、また、これら共済の事業形態の多様化により消費者保護上の問題が生じてきたという状況にあった。そのため、実態把握および関係行政の改善に資するために実施されたものである。

　総務省調査では国民生活センター等における根拠法のない共済に関する相談のうち6割が募集方法に関するものであったこと、また内部留保確保の方策が不十分かつ開示も行われていなかったという実態を踏まえ、以下の点が行政上の課題であることを指摘した (図表11)。

> イ) 募集方法の適正性が確保されること
> ロ) 正確な財務情報が開示されること
> ハ) 責任準備金が適正に積み立てられること、また、その残高や具体的算定方法について開示されること

また、協力を得られなかった団体が多数存在したことから、「根拠法のない共済の実態を個別に、継続して把握するため、また、問題のあるものについて

　総務省調査により指摘された事項

募集方法が適正であること	責任準備金が適正に積み立てられること
正確な財務情報が提供されること	
残高や具体的算定方法が開示されること	

適切な対応を図るための仕組みが整備されること」もあわせて指摘した。

　なお、当時の消費者団体は、特にマルチ商法を行う団体について、強引な勧誘方法が行われ、また商品説明が不十分であることを問題視していた[2]。

(2)　根拠法のない共済への法的問題の所在

　この「根拠法のない共済」問題が生じた理由として、法制面からいえば、改正前法の2条が「保険業」を「不特定多数の者を相手方として」保険の引受けを行う事業と定義していたことから、「特定者」を相手方とする保険引受事業は法の規制対象外となると解しうるからであった。「特定者」相手の保険引受事業とは、理念的には企業内共済や学校内で行っているような、もともと密接な人的関係の存在するコミュニティが存在し、そのようなコミュニティの助け合いとして少額のお金を出し合うような形態のものである[3]。

　このような共済においては構成員の自治により運営の規律が図られるであろうし、そのため、万一破綻しても構成員の生活に大きな影響は与えず、かつ自

2）国民生活センター「根拠法のない共済（いわゆる"無認可共済"）をめぐる現状等について」（2004年6月4日）。
3）金融審議会第二部会資料「保険に関する主な検討課題」（2004年1月16日）では根拠法のない共済については「これまで自発的な共助を基礎とするものであり、その契約者を保護するための規制は基本的に必要ないとされてきた」としている。

図表12　特定者相手の事業と不特定者相手の事業

己責任といいうると考えられた。また、法の厳格な規制の下に置くことは、かえってこのような零細な共済を実質的に禁止することにつながりかねないとも考えられてきた。

　しかし、当事問題となったのは、このような密接な関係者間で行われる形態の事業ではない。問題となったのは、実態としては広く一般向けに共済加入そのものを勧奨しており、申込みがあった場合には団体加入手続と共済加入手続を同時に行うような団体であった。そして、このように広く加入勧誘を行っている団体は総務省調査でも多数存在することが確認された。これらの団体においては、団体加入を共済加入の要件としていることから、形式的には特定性ありとはいえるかもしれない。しかし、団体構成員間の関係が極めて希薄であり、自治による実質的な規律が期待できない。したがって破綻時に加入者の自己責任であるとして加入者にその負担をすべて帰せしめることは不適当であると考えられた。

　そもそもこのような広く加入勧奨を行う団体は「特定者」を相手方とするとはいえないのではないかという疑問がわく。したがって、規制を要しないとされる「特定者」を相手方としているとの条文解釈において、実態としてグレーゾーンが存在するのではないかとの疑問も存在した（**図表12**）。

(3)　金融審議会での議論──いかに規制対象を区分するか

　上記で述べたとおり、2004年には、金融審議会金融分科会第二部会およびその傘下にある作業部会である「保険の基本問題に関するワーキンググループ」での議論を経て、2004年12月には金融審議会報告書「根拠法のない共済への対応について」が了承・公表された。

　議論の概要であるが、金融審議会では、根拠法のない共済のうち実体的に幅

広く加入勧奨を行っているような団体を法規制の対象とすべきことについては、検討の初期の段階でコンセンサスが得られていた。そのうえで、主に以下の点について、活発に議論が交わされた。

> ●規制の対象とすべき団体とそうすべきでない団体とをいかに区分するのか
> ●新たに規制の対象とする団体についての規制内容はどうあるべきなのか

　上述のとおり、改正前法における規制要否を区分する「不特定多数の者」という基準にグレーゾーンが生じていることが問題発生の原因であった。当時、この問題の対処について、(イ) 法の趣旨に照らして「不特定多数の者」を相手方とするものかどうかをガイドラインなどで明確化するという方法と、(ロ)「不特定多数の者」を規制の要否の基準とすることを分けることをやめ、個別具体的に適用除外するものを列挙し、それ以外に包括的に規制を課す方法が検討された。

　まず (イ) 規制の要否をガイドラインで切り分けるという方法についてであるが、当時、金融庁が発出していたノーアクションレター[4]があった。それによると「①当該団体の組織化の程度（構成員の団体帰属に係る意識度）、②当該団体の加入要件についての客観性、難易の程度、③当該団体の本来的事業の実施の程度等をもとに、総合的に判断する」としていた。このように、「不特定多数の者」要件を前提とする限り、どうしても定性的な要素で判断され、グレーゾーンがなくなる明確な基準線を引くことは困難であった。また、行政のガイドラインによって、無免許営業として刑事罰の適用もある改正前法３条違反となるかどうかの内容を画定することにも問題があると考えられた。

　そこで、金融審議会は (ロ) の「不特定多数の者」要件での規制の要否の切り分けを行うことを止め、(a)構成員が真に限定されるものを限定列挙して法の適用除外とすること、(b)この範囲を超える共済については一定の規制をかけることとの方向性を示した。ここで真に限定されるものとしては、相手方が1000

---

4) 行政処分権限を有する行政機関（この場合は金融庁）がその行政処分に関する法令解釈を迅速に示す手続を指す。具体的には事業者が特定の事例が法令違反にならないかを質問して、それに回答する形で解釈が示される。

図表13　改正の構想図

人以下のもののほか、上述 1 ⑹図表10に掲げるものが想定されていた（図表13）。

　そうすると「不特定多数の者」要件を根拠として、今まで法の適用を受けてこなかった団体は適用除外団体を除いてすべからく規制対象となった（なお、他の法律に根拠のある団体は引き続き、法の適用除外である）。

　ただ、この（ロ）案を採用するということは、今まで問題視されていなかった取引や団体であっても適用除外に該当しない限り、法によって規制されることを意味した。また、たとえば電化製品などの保証は保険なのかといった問題や既存の共済契約をどう取り扱うかなどの問題が発生した。

　このため、金融庁は保険かどうかの判断基準を監督指針に記載する[5]ほか、保険（共済）金額に関する経過規定を設けるなどの対応を行った。

⑷　金融審議会での議論──いかに規制するか

　金融審議会では上述のとおり、「不特定多数の者」要件を削除することで根拠法のない共済に対する規制を新たに導入していく方向で合意がなされたが、

5）監督指針では「（注1）一定の人的・社会的関係に基づき、慶弔見舞金等の給付を行うことが社会慣行として広く一般に認められているもので、社会通念上その給付金額が妥当なものは保険業には含まれない。上記の「社会通念上その給付金額が妥当なもの」とは、10万円以下とする。（注2）予め事故発生に関わらず金銭を徴収して事故発生時に役務的なサービスを提供する形態については、当該サービスを提供する約定の内容、当該サービスの提供主体・方法、従来から当該サービスが保険取引と異なるものとして認知されているか否か、保険業法の規制の趣旨等を総合的に勘案して保険業に該当するかどうかを判断する。なお、物の製造販売に付随して、その顧客に当該商品の故障時に修理等のサービスを行う場合は、保険業に該当しない。」という記載がある（Ⅴ-⑴）。

次の論点はこれらの新たに規制対象となる団体に対してどのような規制をかけていくかであった。この点については①保険会社と同等の規制を課すべきとする意見と、②新たな業態を認めて必要最小限の規制とすべきとする意見が対立することとなった。

　①の意見は、社会保障的な性格を持つ保険契約を、相互に密接な関係のない相手方から引き受ける事業を行う事業者に対しては、消費者保護の観点から破綻防止のための厳重な健全性規制を含む法の規制が課されるべきである。そして、現存する共済団体には一定の経過措置を設けることで対応すべきとするものである。すなわち、同じ法の規制の下にある保険事業者が同じように規制されないことで、万が一、経営悪化した場合において保護の程度に相違が生じ、消費者にとって不意打ちになるという主張である。

　他方、②の意見は根拠法のない共済には保険業の制度補完といった役割が認められることから、事業の多様性を確保するために簡易な規制とすべきである。また、実態として小規模な業者が多く、保険会社同様の厳重な健全性規制を導入することで実質的に当該業態を禁止することになり、適当ではないとする主張である。

　この点に関して金融審議会が導き出した回答としては、契約の性格に照らして健全性の確保について保険会社ほどの厳格な規制を要しない事業形態、すなわち少額短期保険業（なお、報告書では少額短期保障業との用語を使用）として類型付け、それのみを行う小規模事業者にはその形態に応じた規制とするということであった。この方向性は、保険会社との規制の相違が合理的に説明できるという理論面での整合性を確保しつつ、小規模な共済団体でも事業が継続できる制度を設け、実態に対応しようとしたものであった。

(5) 2006年施行法

　現行法の規制については主に**第2章**で取り扱うので2006年施行の改正法の概要についてのみ述べる。大きくは①規制対象の包括化と、②少額短期保険業制度の導入である。

　まず、①規制対象の包括化であるが、改正法は保険業の定義規定から「不特定多数の者を相手方とする」との要件を削除し、保険の引受けを業とするもの

であれば、その相手方が特定・不特定を問わず規制対象とすることとした（法
2条1項柱書）。これにより「不特定多数の者」要件によって規制の適用がな
かった団体も法の規制に従うこととなった。他方、構成員が真に限定される団
体は法の規定から除外されるべく規定されたがそれは上述のとおりである（上
記1(6)）。

　次に②少額短期保険業制度の導入である。まず、法は保険業を内閣総理大臣
の免許を受けた者でなければ、行うことができない（法3条1項）ものとして
いた。そのうえで、本改正により、法3条1項にかかわらず、内閣総理大臣の
登録を受けた者は少額短期保険業を行うことができる（法272条1項）とした。

　すなわち法272条1項は法3条1項の例外であり、少額かつ短期、また小規
模であるために保険会社と同等な厳重な規制を受けずとも保険業を営むことが
できるとしたものである。

　保険金額の少額要件というのは具体的には上記1(4)のとおり上限金額が定
められているものであるが、その趣旨としては加入者の生活が少額短期保険業
者の提供する保障に対して過度に依存することとならない程度の上限金額を設
定するものである。また、保険期間の短期要件は、特に死亡保障・医療保障で
は加入者の健康が悪化してしまうと契約乗換えが困難になることから、当該業
者への依存度が高くなりすぎないように期間制限をしたものである。上述のと
おり、生命保険型商品や医療商品については上限が1年である。他方、損害保
険に関しては一般的な商品としても2年のものが存在することを踏まえ2年と
された。

　また、加入者の数が相当数に上るときは、社会全体への影響度が大きくなる
懸念があり、そのような巨大共済は保険会社化すべきものとして、一の少額短
期保険業者の収受する保険料の上限が定められているのは上述のとおりである
（規模基準、1(5)図表9および第2章参照）。

3 │ 少額短期保険業のマーケット概況

(1) 若干の前提

　上述のとおり、保険会社においては、生命保険業を営む会社と損害保険業を営む会社とがあり、保険会社本体で両方を兼業することはできない。他方、少額短期保険業者においては、生命保険に属する商品と損害保険に属する商品との両方を同時に引き受けることができる。

　日本少額短期保険協会では、①家財、②生保・医療、③ペット、④費用・その他の４つに分類して業績を公表している。それぞれの商品は、**第３章**で具体的に触れることとするが、主なものは以下のとおりである。

　①の家財は、建物の賃借人のための家財保険などである。一般の損害保険会社では建物の所有者から火災保険（住宅総合保険）を引き受け、あわせて所有者の家財の保険を引き受ける商品が多いが、多くの少額短期保険業では賃借人（テナント）の家財保険と家主への賠償保険等を引き受けている。②の生保・医療は葬儀保険（少額の死亡保険）や持病のある方への医療保障などがある。③のペット保険はペットの医療費や葬儀代などを給付するものがある。④の費用・その他には地震費用保険、レスキュー費用保険、弔慰金保障給付保険などがある（第３章参照）。

　以下では、日本少額短期保険協会の報道発表資料を前提に記載をしている。そして、生命保険協会、日本損害保険協会の資料記載の数値と比較している。ただし、脱稿時点（2023年８月）で、日本少額短期保険協会はすでに2022年度の決算概況を公表しているが、生命保険協会、日本損害保険協会は2021年度の決算概況までしか公表していない。

(2) 少額短期保険業者数

　少額短期保険者としては制度新設後、2006年度中に２業者（日本震災パートナーズ㈱、ペット＆ファミリー少短）が登録を受けた。日本少額短期保険協会によると、2007年度には29業者、2008年には32業者、2009年に２業者、2010年に

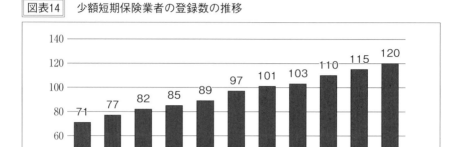

図表14　少額短期保険業者の登録数の推移

出典：日本少額短期保険協会のデータから著者作成。以下、図表19まで同じ。

2業者（合併のため1業者減少）、2011年には4業者（損害保険会社移行のため2業者減少）が登録を受けた。

　2012年以降の、少額短期保険業者数の推移は図表14のとおりである。なお、現時点（2023年8月1日付）の事業者は118社となっている[6]。

　また、少額短期保険業者が規模基準を超過したことなどから、保険会社に組織変更するケースがある（＝少額短期保険業者数としては減少する）。そのため発祥が少額短期保険業である保険会社を含めるとこの数字以上に増加しているといえる。

　この業者数を日本少額短期保険協会が種目別に分類した増減状況が図表15である。なお、当協会の2013年以前のデータでは複数の種目を引き受ける業者をダブルカウントしているため、本図表には入れていない。

　図表15を見ると家財保険を引き受ける少額短期保険業者が最も多く、かつ順調に数を増やしていることがわかる。家財保険はハウスメーカーや不動産管理業者のほか、損害保険会社などが子会社形態で進出をしている。たとえば不動産管理会社が不動産賃貸契約締結に際して、賃借人に対して家財保険を提

6）金融庁HP参照。https://www.fsa.go.jp/menkyo/menkyoj/shougaku/shougaku.pdf

図表15　種目別の少額短期保険業者数

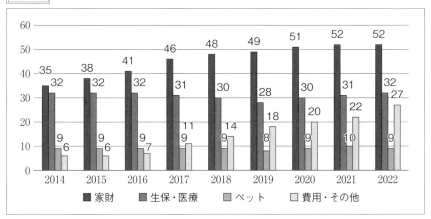

案・販売することが多いようである。次に多いのが生保・医療を販売する少額短期保険業者である。葬儀保険や引受基準緩和型の医療保険などを販売している業者が多いが、業者数は横ばいである。

　次が費用・その他には、さまざまな商品を提供する業者が増加しているが詳細は第3章に譲る。ペット保険を販売する少額短期保険業者の数が横ばいなのは、大手ペット保険の少額短期保険業者の規模が大きくなって損害保険会社になっているからと考えられる。

(3)　販売チャネルの動向

　日本少額短期保険協会で公表しているデータは募集人資格取得者数である。日本少額短期保険協会では、少額短期保険募集人となろうとする人向けの少額短期保険募集人試験を実施・運営している。2012年以降の少額短期保険募集人の募集資格取得者数の推移は図表16(次頁)のとおりである。

　少額短期保険協会が認定した募集人資格取得者数は順調に増加しており、2012年には12万5000人であったのが、2022年度末には30万1000人というように10年程度で2.4倍に至った。

　ちなみに2021年の生命保険募集人は、営業職員と個人代理店数、代理店従業

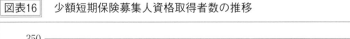

図表16 少額短期保険募集人資格取得者数の推移 （単位：千人）

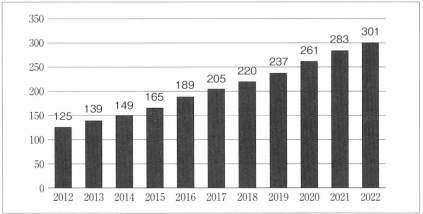

員数の合計で126万2318人であり、少額短期保険募集人の約4.5倍（少額短期保険業者は2021年で比較している。以下、同じ）である。また、2021年に損害保険募集に従事する人員は200万3511人であり、少額短期保険募集人の７倍以上である。

　なお、少額短期保険募集人のうち、損害保険に属する商品のみを取り扱う募集人であって、保険代理店に雇用されている者は、財務局への登録を行う必要はない（詳細は**第２章**参照）。

⑷　全体の保有契約件数

　まず2022年度の全体の保有件数と各種目別の保有件数を確認したい（**図表17**）。

　図表17を見るとおり、全体の約８割が家財保険となっている。昨今は医療、費用・その他などで先進的な商品が販売されることから、医療分野や費用関連の商品に焦点が当たりがちではあるが、少額短期保険業マーケットでは家財保険が引き続き中心である。

　次に2012年以降の全体の保有契約件数の推移は**図表18**、また保有契約件数の増減率は**図表19**(22頁) のとおりである。

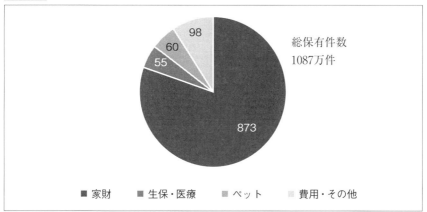

図表17　少額短期保険業の保有件数（全体・種目別）　　　（単位：万件）

総保有件数
1087万件

873

55
60
98

■ 家財　　■ 生保・医療　　■ ペット　　　費用・その他

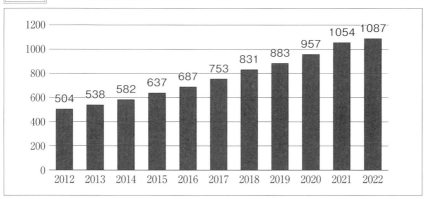

図表18　少額短期保険の保有契約件数（全体）　　　（単位：万件）

年	万件
2012	504
2013	538
2014	582
2015	637
2016	687
2017	753
2018	831
2019	883
2020	957
2021	1054
2022	1087

　全体の保有件数は2012年には504万件であったものが、2022年には1087万件へと10年の間に倍増していることがわかる。

　次に各年度の保有契約の増減率である（**図表19**）。保有契約件数の増減率は、**図表19**の期間中前半では毎年7〜9％もの増加率を示し、その後各年度で最低でも6.3％増（2019年）、多いときは10.4％増（2018年度）と順調に増加していっている。ただし、直近2022年度では、生保・医療とペット保険がマイナ

図表19		少額短期保険の保有契約対前年度増減率								（単位：%）	
年　度	2013	2014	2015	2016	2017	2018	2019	2020	2021	2022
増減率	6.7	8.2	9.5	7.8	9.6	10.4	6.3	8.4	10.1	3.1

図表20　生命保険個人保険契約保有件数の推移　（単位：万件）

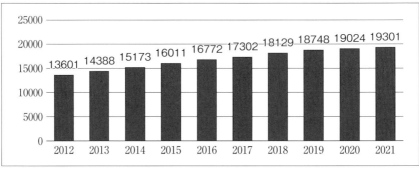

出典：生命保険協会「生命保険の動向（2022年度版）」より著者作成。

ス進展をした結果、全体での保有件数は3.1％増にとどまった（生保・医療とペット保険については後述）。

　比較対象として生命保険協会の個人保険保有契約件数（**図表20**）を参考とする。なお、日本損害保険協会は保有契約件数の総計を公表していない。

　生命保険の個人保険契約の保有契約件数1億9301万件である。対象となるのは個人保険に限定されており、個人年金や団体保険は含まれていない。少額短期保険の保有件数は2022年度時点では1087万件であるため、生命保険の個人保険保有件数の5.6％程度にとどまる。ただし2013年ではこの比率が3.7％であったため、生保市場の増加率よりも高い増加率を示しているといえる。

　生命保険の個人保険契約の対前年度増減率も引用してみる（**図表21**）。

　生命保険業界も着実に増加しているが、少額短期保険業では1桁後半から10％程度がほとんどであったのに対し、1桁の前半であることが多い。特に2020年、2021年度において少額短期保険業が8.4％、10.1％の増加率を見せているのに対して生命保険業界の2020年度、2021年度とも1.5％の増加率にとどま

図表21	生命保険個人保険契約の保有契約対前年度増減率							(単位：%)	
年　度	2013	2014	2015	2016	2017	2018	2019	2020	2021
増減率	5.8	5.5	5.5	4.8	3.2	4.8	3.4	1.5	1.5

出典：生命保険協会「生命保険の動向（2022年度版）」より著者作成。

| 図表22 | 少額短期保険における種目別の収入保険料 | (単位：億円) |

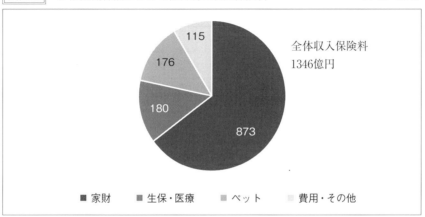

出典：日本少額短期保険協会のデータから著者作成。

り伸びは鈍い。おそらく対面チャネルを主力の販売チャネルの1つとする生命保険業が新型コロナの影響を多く受けたことに対して、少額短期保険業では、たとえば不動産賃貸における管理会社経由や、Web経由が主力であるために影響を受けにくかったことが一因と思われる。

(5)　全体の収入保険料

　次に全体の収入保険料と各種目別の保険料をグラフ化してみた（図表22）。

　図表22を見ると件数では6％程度であったペット保険が176億円であり、件数の倍の約13％を占めている。これは一件当たりの保険料が家財保険よりもペット保険のほうが高いことを意味すると考えられる。生保・医療も件数占率よりも保険料の占率のほうが高い。これもペット保険と同様の事情によるものと考えられる。

| 図表23 | 少額短期保険の収入保険料（全体） | （単位：億円） |

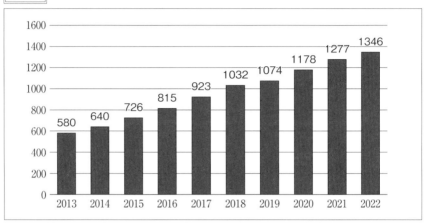

出典：日本少額短期保険協会のデータから著者作成。

| 図表24 | 少額短期保険の収入保険料（全体）対前年度増加率 | （単位：％） |

年　　度	2013	2014	2015	2016	2017	2018	2019	2020	2021	2022
増加率	9.4	10.3	13.4	12.1	13.4	11.8	4.1	9.7	8.4	5.4

出典：日本少額短期保険協会のデータから著者作成。

　次に少額短期保険業全体の収入保険料の推移を見ていく（**図表23**）。

　2013年には580億円であった収入保険料が直近2021年度では1277億円と約2.2倍に増加している。

　続けて、年度ごとの対前年度増減率を見てみる（**図表24**）。

　これを見ると2014年度から対前年度増加率が10％を超え、2018年度まで高水準の進展が続いてきた。2019年度に伸びがいったん鈍化したのち、成長が戻ってきた。2021年度も引き続き8.4％と高水準である。

　2022年度に伸びが鈍化したのは、後から見るように2019年度にペット保険の収入保険料が少額短期保険業者としては減少していることと、生保・医療が減少しているためと思われる。

　比較対象として生命保険業界の個人保険の収入保険料（年換算保険料）の推移と損害保険業界の損害保険元受正味保険料の推移を参考としてみたい。

図表25　生命保険の個人保険の収入保険料の推移　　　　　　　　　（単位：億円）

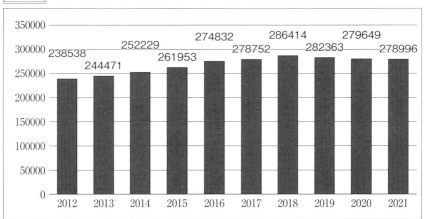

出典：生命保険協会「生命保険の動向（2022年度版）」より著者作成。

図表26　生命保険の個人保険収入保険料対前年度増減率　　　　　　（単位：％）

年　度	2013	2014	2015	2016	2017	2018	2019	2020	2021
増減率	2.49	3.17	3.86	4.92	1.43	2.75	− 1.41	− 0.96	− 0.23

出典：図表25と同じ。

　まず、生命保険業界の個人保険の収入保険料（年換算保険料）の推移である。この収入保険料（年換算保険料）は、個人保険と個人年金を合算したもので、保険料を年換算したものである[7]。

　図表25を見ると、単純に2012年度と2021年度を比較した場合には増加していると見うるものの、2018年度をピークに減少傾向にある。年度ごとの対前年増減率を見ると図表26のとおりである。

　2019年度から減少傾向にある理由としては、2017年に月払保険の標準予定利率[8]が0.25％に下げられたのに加え、2020年には一時払終身保険の標準予定利

7）月払保険料なら12倍したものであり、また、たとえば一時払保険料では保険料を保険期間（年数）で除したものとなる。

8）標準責任準備金制度において責任準備金を計算するにあたって使用すべき予定利率のことを指す。

図表27　損害保険元受正味保険料の推移　　　　　　　　　　（単位：億円）

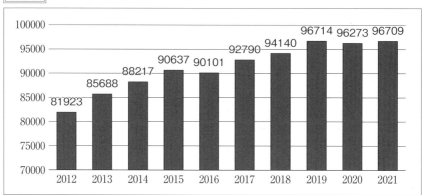

出典：日本損害保険協会「損害保険ファクトブック2022」より著者作成。

図表28　損害保険元受正味保険料の対前年度増減率　　　　　（単位：％）

年　度	2013	2014	2015	2016	2017	2018	2019	2020	2021
増減率	4.63	2.95	2.74	− 0.59	2.98	1.45	2.73	− 0.45	0.45

出典：日本損害保険協会「損害保険ファクトブック2022」より著者作成。

率が0％に下げられたことなどの影響があると思われる。また2020年からは新型コロナ感染症が販売に影響を及ぼした可能性がある。

　次に損害保険業界の元受正味保険料[9]を見てみたい。

　図表27を見ると2012年度の8兆1000億円から2021年度の9兆6000億円まで増加している。ただし、2016年度と2020年度に若干マイナスとなっている。続いて元受正味保険料の対前年度増減率である（図表28）。

　後述するように2016年度は10年以上長期の火災保険の販売停止による売上げの低迷があった。そのほか、2020年の若干の減少を除けば、低位ではあるが、売上げの増加が続いている。

　このように合算で見ると、少額短期保険業界の全体業績の増減率は、生命保

9）元受正味保険料とは保険契約者と直接の保険契約に係る収入を示すものであって、「元受保険料」－「諸返戻金（満期返戻金を除く）」で計算される。

図表29　家財保険の保有件数の推移　　　　　　　　　　　　（単位：万件）

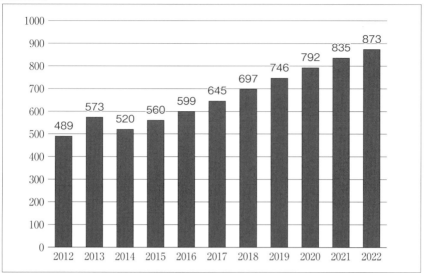

出典：日本少額短期保険協会のデータから著者作成。

険業界・損害保険業界と比較して高水準の伸びを示している。また生命保険業・損害保険業で見られたようなマイナス進展はなく、マーケットがそれほど大きくないものの、常に拡大している有望市場ということができる。なお、成長する中でもいくつかの少額短期保険業者が収支の悪化などの事由に基づき、業務改善命令を受けるなどの事例が発生していることには留意が必要である。

⑹　家財保険

　以下では保険種目別の保有件数と収入保険料の推移を見ていきたい。

　まず家財保険である。保有件数の推移は**図表29**に示しており、対前年度増減率は**図表30**（次頁）である。

　家財保険は2014年に9％を超えるマイナス進展があったが、この年度以外は順調に成長をしている。2014年度に家財保険の大手少額短期保険業者が損保会社になったなどの情報は見当たらなかった。**図表31**（次頁）のとおり収入保険料が減少していないので、統計上の処理変更等によるものなのかもしれない。

図表30	家財保険の保有件数の対前年度増減率								（単位：％）	

年　度	2013	2014	2015	2016	2017	2018	2019	2020	2021	2022
増加率	17.18	− 9.25	7.69	6.96	7.68	8.06	7.03	6.17	5.43	4.55

出典：日本少額短期保険協会のデータから著者作成。

図表31	家財保険の収入保険料の推移	（単位：億円）

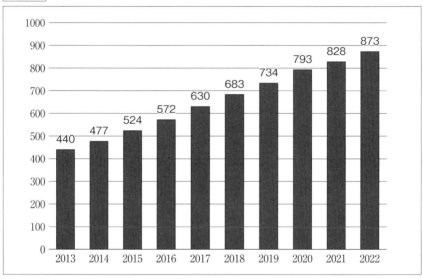

出典：日本少額短期保険協会のデータから著者作成。

　少額短期保険の家財保険に関する収入保険料は2017年に２桁の増加を示した
が、2021年、2022年と４ないし５％という伸びが若干鈍化しているようにも見
える（図表32）。

　比較対象として損害保険会社の火災保険のデータを参考としてみる（図表
33）。

　図表34を見ると2012年から2021年にかけては収入保険料が増加している
が、2016年に火災保険料が激減していることがわかる。これは損害保険料率算
出機構において火災保険参考純率保険料のうち10年超のものを廃止したため、
10年超の火災保険の販売が事実上停止になったことを受けた販売減だと考えら

図表32　家財保険の収入保険料対前年度増減率　　　　（単位：％）

年　度	2013	2014	2015	2016	2017	2018	2019	2020	2021	2022
増減率	8.11	8.41	9.85	9.16	10.14	8.41	7.47	8.04	4.41	5.43

出典：日本少額短期保険協会のデータから著者作成。

図表33　損害保険の火災保険収入保険料の推移　　　　（単位：億円）

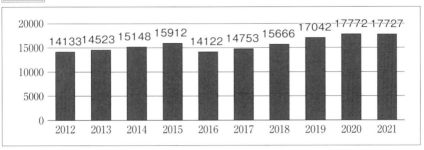

出典：日本損害保険協会「損害保険ファクトブック2022」より著者作成。

図表34　火災保険収入保険の対前年度増減率　　　　（単位：％）

年　度	2013	2014	2015	2016	2017	2018	2019	2020	2021
増減率	2.76	4.30	5.04	− 11.25	4.47	6.19	8.78	4.28	− 0.25

出典：日本損害保険協会「損害保険ファクトブック2022」より著者作成。

れている[10]。2021年度に関して触れたものは見当たらないが、可能性としては
5年を超える火災保険の参考純率保険料の提供が停止されたタイミングであ
り、5年超の火災保険を販売停止にした会社が多いのではないかと推測され
る。

　これらの特殊要因を除くと、ここ5年間の少額短期保険の家財保険と損害保
険の火災保険は同じような伸び方をしているように見える。

(7)　生保・医療保険

　次に生保・医療保険についての販売動向である。まず保有契約件数の推移は

----

10)　損害保険料率算出機構「2017年度火災保険・地震保険の概況」22頁参照。

| 図表35 | 生保・医療保険の保有契約件数の推移 | （単位：万件） |

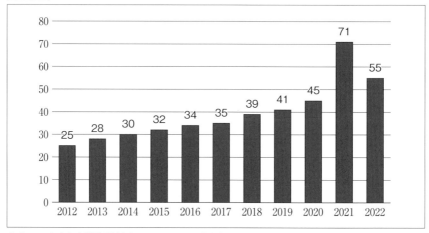

出典：日本少額短期保険協会のデータから著者作成。

| 図表36 | 生保・医療保険の保有契約件数の対前年度増減率 | （単位：％） |

年　度	2013	2014	2015	2016	2017	2018	2019	2020	2021	2022
増減率	12.00	7.14	6.67	6.25	2.94	11.43	5.13	9.76	57.78	-22.54

出典：日本少額短期保険協会のデータから著者作成。

図表35のとおりである。毎年度順調に増加してきているが、2021年に急増していることがわかる。

　生保・医療保険についての保有件数の対前年度比増減率は、図表36のとおりである。

　対前年度進展率は年度によって異なる。2017年は2.94％の進展しかなかったが、2021年度は57.78％の増加を示している。2021年度はおそらく新型コロナ関連の商品の販売が多数に上ると推測される。

　各種報道でも知られるとおり、新型コロナ関連商品については販売停止が相次ぎ、中には保険金削減を余儀なくされ業務改善命令を受けた業者も出るなどの混乱が見られた。コロナ関連商品の上昇分がなくなったと思われる2022年度は対2021年度に大幅マイナス進展となっている。ただし、対2020年度比で見る

図表37　生保・医療保険の収入保険料の推移　　　　　　（単位：億円）

2013	2014	2015	2016	2017	2018	2019	2020	2021	2022
77	82	89	97	106	118	128	142	161	180

出典：日本少額短期保険協会のデータから著者作成。

図表38　生保・医療保険の収入保険料対前年度増減率　　（単位：％）

年　度	2013	2014	2015	2016	2017	2018	2019	2020	2021	2022
増減率	6.94	6.49	8.54	8.99	9.28	11.32	8.47	10.94	13.38	11.80

出典：日本少額短期保険協会のデータから著者作成。

図表26　（再掲）生命保険の個人保険収入保険料対前年度増減率　（単位：％）

年　度	2013	2014	2015	2016	2017	2018	2019	2020	2021
増減率	2.49	3.17	3.86	4.92	1.43	2.75	− 1.41	− 0.96	− 0.23

と増加していることから市場としては引き続き拡大していると見うる。

　生保・医療保険の収入保険料の推移は図表37のとおりである。

　続いて、生保・医療保険の対前年度増減率である（図表38）。

　図表38のとおり、収入保険料ベースでは生保・医療保険は2021年度から2022年度にかけても増加をしている。コロナ関連商品以外の生保・医療保険が着実に販売されていると見ることができる。

　比較対象として生命保険業の収入保険料対前年度増減率を再掲する（図表26）。

　上述のとおり、少額短期保険の生保・医療保険では徐々に増加率を増し、直近では10％を超える増加となっていた。対して生命保険業では2018年度までは2〜5％程度で推移し、ここ3年度はマイナス進展であった。これは上述のとおり販売手段が限定されたためと推測される。

図表39　ペット保険の保有契約件数の推移　　　　　　　　（単位：万件）

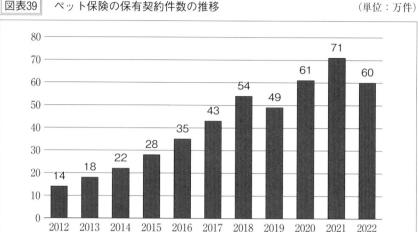

出典：日本少額短期保険協会のデータから著者作成。

図表40　ペット保険の保有契約件数対前年度増減率　　　　（単位：％）

年　度	2013	2014	2015	2016	2017	2018	2019	2020	2021	2022
増減率	28.57	22.22	27.27	25.00	22.86	25.58	-9.26	24.49	16.39	-15.49

出典：日本少額短期保険協会のデータから著者作成。

(8)　ペット保険

　次はペット保険である。まずは保有件数の推移としては**図表39**、対前年度増減率は**図表40**のとおりである。

　ペット保険は常時2割を超える対前年度増加率を示している。ペットブームがある一方で、他国と比較してペット保険の普及率はいまだ低水準にとどまっているとの指摘が多い。このような理由、つまりペット保険が普及する過程に日本市場があるということであろう。なお、2019年度に保有契約件数が減少しているが、これは収入保険料が50億円を超えるペット＆ファミリーが少額短期保険業者から損害保険会社化したなどの影響があったことなどによるものであると思われる。また2022年度の保有契約減少は楽天少短が楽天損害保険に契約移転[11]をした影響と考えられる。

図表41 ペット保険の収入保険料の推移　（単位：億円）

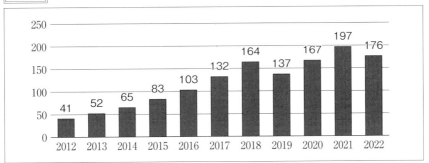

出典：日本少額短期保険協会のデータから著者作成。

図表42 ペット保険の収入保険料の対前年度増減率　（単位：%）

年　度	2013	2014	2015	2016	2017	2018	2019	2020	2021	2022
増減率	26.83	25.00	27.69	24.10	28.16	24.24	-16.46	21.90	17.96	-10.66

出典：日本少額短期保険協会のデータから著者作成。

　ペット保険の収入保険料の推移（**図表41**）、対前年度増減率（**図表42**）も保有契約件数同様の動きを示している。

　この点、下記**図表43**（収入保険料の推移）、**図表44**（対前年度増減率）（次頁）の日本損害保険協会のデータ2019年度のところもご覧いただきたい。

　損害保険業界のペット保険も十数%〜20%の増加率で順調に進展を続けている（**図表43**（次頁））。

　こちらは2019年にペット＆ファミリー社の損害保険会社化の影響を受けて26%を超える増加を示している。また、図表には反映されていないが、楽天少短から楽天損保へのペット保険の移転により2022年の損害保険業界の数値が上昇することが考えられる。

　少額短期保険業者と損害保険会社とはマーケットを獲り合うのではなく、並行して拡大をしていると考えられる。

11）https://small-short-ins.rakuten.co.jp/about/news/post_101.html　参照。

| 図表43 | 損害保険会社のペット保険収入保険料の推移 | （単位：億円） |

出典：日本損害保険協会「ファクトブック」のデータから著者作成。

| 図表44 | 損害保険会社のペット保険収入保険料の増減率 | （単位：％） |

年　度	2013	2014	2015	2016	2017	2018	2019	2020	2021
増減率	19.00	22.27	20.27	14.86	14.18	13.07	26.78	15.96	13.63

出典：日本少額短期保険協会のデータから著者作成。

(9)　費用・その他保険

　最後に費用・その他保険である。費用・その他保険とはスマホ保険や旅行キャンセル保険などこれまで存在していなかった商品がほとんどと思われる（図表45）。

　保有件数については、そもそもの保有件数が小さいため、毎年度の増加率も高い（図表46）。

　収入保険料については、2012年度は8億円の規模であったところ、2022年は115億円と14倍の規模となった（図表47）。収入保険料の対前年度増減率は図表48(36頁)のとおりである。

| 図表45 | 費用・その他保険の保有契約件数の推移 | （単位：万件） |

出典：日本少額短期保険協会のデータから著者作成。

| 図表46 | 費用・その他保険の保有契約件数の対前年度増減率 | （単位：%） |

年　度	2013	2014	2015	2016	2017	2018	2019	2020	2021	2022
増減率	16.67	28.57	88.89	0.00	64.71	39.29	17.95	23.91	33.33	28.95

出典：日本少額短期保険協会のデータから著者作成。

| 図表47 | 費用・その他保険の収入保険料の推移 | （単位：億円） |

出典：日本少額短期保険協会のデータから著者作成。

| 図表48 | 費用・その他保険の収入保険料の対前年度増減率 | | | | | | | | | （単位：％） |

年　度	2013	2014	2015	2016	2017	2018	2019	2020	2021	2022
増減率	12.50	66.67	93.33	41.38	34.15	20.00	12.12	2.70	17.11	29.21

出典：日本少額短期保険協会のデータから著者作成。

「費用・その他保険」に該当する損害保険協会のデータはない。

　以上をまとめると、少額短期保険業界のマーケットそのものは大きくないが、業績は右肩上がりで拡大しているといえる。

　なお、金融庁の「2023年保険モニタリングレポート」[12]によると「経営管理態勢等に問題が認められ、登録取消命令、業務停止命令、業務改善命令といった重大な行政処分に至った事案が複数発生している。また、引き続き、創業期赤字を含め経常損益ベースで赤字となっている少短業者が一定程度存在している」としており、市場の拡大が継続する前提として、健全な経営管理体制の確立、および収益の改善が急務ということができる。

---

12) https://www.fsa.go.jp/news/r4/hoken/20230630-2/02.pdf　参照。

第 2 章
少額短期保険業に対する法規制

　第 2 章は、少額短期保険業者と少額短期保険募集人への法の規制について解説を行うものである。

　少額短期保険業者となろうとする者はその事業を開始するにあたって、登録を行わなければならず、また約款や事業方法書等基礎書類についても登録申請書の添付書類として提出する。内閣総理大臣は法定の拒否事由がない限り登録を認めることとされている。

　少額短期保険業者には業務範囲規制や業務運営に関する規制が課せられている。また少額短期保険業者の経理や監督官庁に対する業務報告、公衆への開示が求められる。

　監督官庁は少額短期保険業者に報告を求め、立入検査ができる。少額短期保険業者に業務上・財務上の支障がある場合には業務改善命令等の発出ができる。

　少額短期保険募集人は少額短期保険業者の保険を募集する。保険会社の保険募集人に対する規制が原則として適用されるが、一部特例が課せられている。

1　少額短期保険業の登録等（通則）

(1)　少額短期保険業とは何か

　少額短期保険業者については**第1章**で述べたところであるが、章を改めるにあたって再度見ておきたい。少額短期保険業者とは内閣総理大臣から登録を受けて、少額短期保険業を行う者をいう（法2条18項）。少額短期保険業とは、保険業のうち、保険期間が2年以内の政令で定める期間であって、保険金額が1000万円を超えない範囲内において政令で定める金額以下の保険のみを引き受ける事業をいう（法2条17項）とされている。期間や金額の制限等の詳細は**第1章1**(5)をご覧いただきたい。

　なお、少額短期保険業者の監督権限については法律上内閣総理大臣と規定されているが、実際には内閣総理大臣から金融庁長官に委任され、さらに少額短期保険業者の本店所在地の財務局長等に権限が付与されている（令48条）。ただし、少額短期保険業者に対する報告徴求や立入検査、業務改善命令、登録取消権限等を金融庁長官自らが行うこともできる（同条1項・3項・7項・12項）。

　以下では、該当条文に監督主体が内閣総理大臣（あるいは金融庁長官）との記載がある場合には、そのまま内閣総理大臣（あるいは金融庁長官）と記載するが、財務局長等あるいは金融庁長官が権限を行使することに留意いただきたい。

(2)　少額短期保険業者の登録申請

①　登録申請書

　少額短期保険業者となるには内閣総理大臣の登録を受ける必要がある（法272条1項）。上述のとおり、少額短期保険業者は小規模事業者（収受する保険料（収受する保険料の具体的な計算方法については**第1章1**(5)**図表9**参照）が年額50億円以下であるもの（令38条、規211条））である必要がある（法272条2項）。この規模を超える場合には保険会社の免許を取得するか、会社を分割するなどして規模を縮小する必要がある。

　登録を受けようとする者は登録申請書を内閣総理大臣に提出しなければならない。登録申請書には以下の事項を記載する（法272条の2第1項）。

> 一　商号又は名称
> 二　資本金の額又は基金の総額
> 三　取締役及び監査役（監査等委員会設置会社にあっては取締役、指名委員会等設置会社にあっては取締役及び執行役）の氏名
> 四　会計参与設置会社にあっては会計参与の氏名又は名称
> 五　少額短期保険業以外の業務を行うときは、その業務の内容
> 六　本店その他の事務所の所在地

②　登録申請書の添付書類

　登録申請書には以下の書類および規則で定める書類を添付しなければならない（法272条の2第2項、規211条の3）。

> 一　定款
> 二　事業方法書
> 三　普通保険約款
> 四　保険料及び責任準備金の算出方法書

　上記のうち、規則で定める書類の概要は以下のとおりである（図表1（次頁））。

③　添付書類の記載事項

　登録申請書の添付書類のうち記載内容が規則で定められているものがある。まず「二　事業方法書」には、**図表2**（次頁）に掲げる事項を記載しなければならない（規211条の4）。

　また、「三　普通保険約款」には以下の事項を記載しなければならない（規211条の5、**図表3**（41頁））。

　なお、**図表3**で保険会社との対比で特徴的なのは四と九である。特に四は少額短期保険業者がセーフティーネットを持たない中で、少額短期保険業者の保険収支が悪化した際に保険金削減が行われる可能性があることを規定するも

図表1　登録申請書の添付書類（概要）

一　会社の登記事項証明書

二　事業計画書

三　直近の日計表その他最近における財務及び損益の状況を知ることができる書類

四　取締役及び監査役等（執行役含む）並びに保険計理人の履歴書

五　取締役及び監査役等が保険業法の登録拒否事由に該当しないことを誓約する書面

六　保険計理人が保険業の規定する要件に該当することを証する書面

七　保険料及び責任準備金の算出方法が保険数理に基づき合理的かつ妥当なものであることについての保険計理人に意見書

八　総議決権の5％超を保有する株主の商号等（相互会社にあっては社員になろうとする者の名簿

九　少額短期保険業者の業務に関する知識及び経験を有する従業員の確保の状況を記載した書類

九の二　指定少額短期保険業務紛争解決機関があるときは、手続実施基本契約を締結する相手方である紛争機関の商号又は名称

十　純資産額及びその算出根拠を記載した書面

十一　登録申請者が子会社を有する場合における一定の書類

十二　その他参考となるべき事項を記載した書類

図表2　事業方法書の記載事項

一　被保険者又は保険の目的の範囲及び保険の種類の区分

二　被保険者又は保険の目的の範囲及び保険契約の締結の手続に関する事項

三　保険料の収受並びに保険金及び払い戻される保険料及びその他の返戻金の支払いに関する事項

四　保険証券、保険契約の申込書及びこれらに添付すべき書類に記載する事項

五　保険契約の特約に関する事項

図表3　普通保険約款の記載事項

一　保険金の支払事由

二　保険契約の無効原因

三　保険者としての保険契約に基づく義務を免れるべき事由

四　保険料の増額又は保険金の削減に関する事項

五　保険者としての義務の範囲を定める方法及び履行の時期

六　保険契約者又は被保険者が保険約款に基づく義務の不履行のために受けるべき不利益

七　保険契約の全部又は一部の解除の原因並びに当該解除の場合における当事者の有する権利及び義務

八　契約者配当又は社員に対する剰余金の分配を受ける権利を有する者がいる場合においては、その権利の範囲

九　保険契約を更新する場合においての保険料その他の契約内容の見直しに関する事項

図表4　保険料及び責任準備金の算出方法書記載事項（概要）

一　保険料の計算の方法に関する事項

二　責任準備金の計算の方法に関する事項

三　保険契約が解約された場合に払い戻される返戻金の計算の方法及びその基礎に関する事項

四　社員配当準備金又は契約者配当準備金及び社員に対する剰余金の分配

五　純保険料に関する事項

六　その他保険数理に関して必要な事項

のである。

　さらに保険料及び責任準備金の算出方法書の記載事項（概要）は、**図表4**のとおりである（規211条の6）。

　なお、定款は書面または電磁的記録をもって作成することができる（会社法26条2項、法22条2項）とされていることから、定款が電磁的記録で作成されている場合は書類に代えて電磁的記録を添付することができる（法272条の2第3項、法4条3項）。

(3)　少額短期保険業者の登録

　登録申請があった場合、内閣総理大臣は登録拒否事由がない場合には、少額短期保険業者登録簿に登録しなければならない（法272条の3柱書）。登録事項は上記(1)で述べた登録申請書記載事項と登録年月日および登録番号である（同条1項1号・2号）。少額短期保険業者登録簿はその少額短期保険業者の本支店の所在する地域を管轄する財務局等に備え置き、公衆の縦覧に供される（同条2項、規211条の7）。

　登録を拒否しなければならないのは、**図表5**の拒否事由がある場合、または登録申請書もしくは登録申請書の添付書類に虚偽の記載があり、もしくは重要な事実の記載を欠いているときである（法272条の4）。

　ここで、株式会社等で資本金・基金（以下、資本金等）が3億円に満たないものの場合は、取締役会、監査役（または監査等委員会設置会社にあっては監査等委員会、指名委員会等設置会社にあっては指名委員会等）を置くものとされる（法272条の4第1項1号イ）。他方、資本金等が3億円以上の場合は、監査役会

図表5　少額短期保険業者の登録拒否事由（概要）
一　株式会社又は相互会社でない者
二　資本金等の額が政令指定額（1000万円）未満の株式会社等
三　純資産額が政令指定額（1000万円）未満の株式会社
四　定款の規定が法令に適合しない株式会社等
五　事業方法書と普通保険約款に記載された事項が所定の基準に適合しない株式会社等
六　保険料及び責任準備金の算出方法の保険計理人確認が行われていない株式会社等
七　過去に登録等が取り消され5年を経過していない株式会社等
八　保険業法等の違反により罰金刑に処せられ5年を経過していない株式会社等
九　他業制限違反あるいは他の業務が保険業に影響を及ぼすおそれのある株式会社等
十　取締役が破産して復権を受けていないなど欠格事由のある株式会社等
十一　少額短期保険業を的確に遂行するに足りる人的構成を有しない株式会社等
十二　保険会社

<u>設置会社</u>（＝監査役を置く会社にあっては監査役会の設置が義務）、または監査等委員会設置会社、あるいは指名委員会等設置会社のいずれかでなければならず、かついずれも会計監査人を置くものでなければならない（法272条の4第1項1号ロ、令38条の2）とされている。このように資本金等が3億円以上の比較的大きな少額短期保険業者は特定少額短期保険業者とされ、機関構成以外にも中間報告書の作成義務等特別の規制がある（後述）。

　ちなみに登録拒否事由に保険会社がある点についてだが、保険会社は当然に少額短期保険業者の業務範囲内の業務を行うことができる。保険会社と少額短期保険業者の兼業を認めてしまうと、保険会社・少額短期保険業者破綻時の保護が保険会社として引き受けた契約と少額短期保険業者として引き受けた契約とで異なることがあるなど消費者が誤認するおそれがあるためである。

　上記登録拒否事項のうち、十一の少額短期保険業を的確に遂行するに足りる人的構成を有するかどうかについて、財務局長等は、①その行う業務に関する十分な知識および経験を有する取締役、執行役、会計参与もしくは監査役または使用人の確保の状況ならびに組織体制に照らし、当該業務を適正に遂行することができないと認められること、もしくは②取締役、執行役、会計参与もしくは監査役または使用人のうちに、経歴、暴力団員による不当な行為の防止等に関する法律に規定する暴力団または暴力団員との関係その他の事情に照らして業務の運営に不適切な資質を有する者があることにより、少額短期保険業の信用を失墜させるおそれがあると認められることといういずれかの基準に該当するかどうかを審査する（規211条の7の2）。

　また、上記三の純資産額の算定にあたっては、少額短期保険業者の貸借対照表の資産の部に計上されるべき金額の合計額から、負債の部に計上されるべき金額の合計額を控除した金額とされている（規221条の8第1項）。ここで負債の部に計上されるべき金額には価格変動準備金の額（法272条の18において準用する法115条1項）および異常危険準備金の額（規211条の46第1項2号）は含まれない。

　ただし、少額短期保険業者が子会社を有する場合は、単独の貸借対照表で計算した場合と連結貸借対照表について同様の計算した場合とのいずれか低いほうの金額となる（規211条の8第1項1号）。

図表6	資産の評価額の特例

一　金銭債権又は市場価格のない債券について取立不能のおそれがある場合　取立
　不能見込額を控除した金額

二　市場価格のない株式についてその発行会社の資産状態が著しく悪化した場合
　相当の減額をした金額

三　前二号以外の流動資産の時価が帳簿価額より著しく低い場合であって、その価
　額が帳簿価額まで回復することが困難と見られる場合　当該時価

四　第一号又は第二号以外の固定資産について償却不足があり、又は予測すること
　のできない減損が生じた場合　償却不足額を控除し、又は相当の減額をした金額

五　繰延資産について償却不足がある場合　償却不足額を控除した金額

　この資産および負債の評価は、計算を行う日において、一般に公正妥当と認められる企業会計の基準に従って評価した価額によらなければならない（規211条の8第2項）とされる。また、資産の評価額は、**図表6**の特例がある（同条3項）。

(4)　供　　託

　少額短期保険業者は、本店または主たる事務所の最寄りの供託所に、供託を行う必要がある（法272条の5第1項）。金額は、事業開始初年度から当該事業年度終了後4月経過日までは1000万円である（令38条の4第1号）。なお、内閣総理大臣は保険契約者等の保護のため必要があると認めるときは、少額短期保険業者に対し、その少額短期保険業を開始する前に、政令で定める額（1000万円）のほか、相当と認める額の金銭の供託を命ずることができる（法272条の5第2項）。

　事業開始の翌年度以降の供託は（供託期間は事業年度開始後4月経過日から、事業年度終了後4月経過日まで）は原則として前年度収受した保険料（一事業年度において収受した保険料等から解約返戻金等を控除した額をいう）に5％を乗じた金額を、1000万円に上乗せして供託を行う（令38条の4第2号、規211条の9）。

　供託金は現金の代わりに国債証券、地方債証券、政府保証債証券等の有価証

図表7	割引債価額の計算方法

$$\frac{額面金額 - 発行価額}{発行の日から償還の日までの年数} \times 発行の日から供託の日までの年数$$

券で供託することができる（法272条の5第9項、規211条の14）。国債証券以外は額面に一定の掛け目（たとえば地方債証券は額面100円につき90円と計算）をした金額が供託される価額とされる（規211条の15第1項2号～4号）。なお割引債の額面は、**図表7**により計算される（同条2項）。

また、供託金の供託の一部または全部に代えて保証委託契約を銀行等の金融機関と締結し、内閣総理大臣に届出をした場合には、その供託されることとなっている金額の一部または全部を供託しないことができる（法272条の5第3項、規211条の10、規211条の11）。保証委託契約は規則で定める金融機関との間で締結される契約で次の要件に適合するものでなければならない（令38条の5）。

① 次の(i)、(ii)の場合に内閣総理大臣の命令によって遅滞なく供託金が供託されるものであること
　(i) 少額短期保険業者の業務開始の日または各事業年度の開始日以降4月を経過した日（改定日という）からこれらの日後最初の改定日の前日までの間に供託命令を受けた場合
　(ii) 少額短期保険業者が上記(i)の最初の改定日において供託されるべき供託金につきその日以後においても供託または保証委託契約の締結をしていない場合に、当該契約の相手方が供託命令を受けた場合
② 1年以上の期間にわたって有効な契約であること
③ 金融庁長官の承認を受けた場合を除き、契約を解除し、または契約の内容を変更することができないものであること

規則で定める金融機関とは、銀行のほか、生命保険会社、損害保険会社、長期信用銀行、協同組織金融機関、商工中金とされている（規211条の12で準用する規52条の8の2）。

内閣総理大臣は、保険契約者等の保護のため必要があると認めるときは、少

額短期保険業者と保証委託契約を締結した金融機関または当該少額短期保険業者に対し、契約金額に相当する金額の全部または一部を供託すべき旨を命ずることができる（法272条の5第4項）。

　少額短期保険業者は、供託金につき供託または金融機関との保証委託契約の締結を行い、その旨を内閣総理大臣に届け出た後でなければ、少額短期保険業を開始してはならない（法272条の5第5項）。

　このように供託された金額は保険契約者が優先的に弁済を受ける原資となる。具体的には、保険契約に係る保険契約者、被保険者または保険金額を受け取るべき者は、保険契約により生じた債権に関し、当該少額短期保険業者に係る供託金について、他の債権者に先立ち弁済を受ける権利を有する（法272条の5第6項）。上記の権利の実行には権利を有する者が金融庁長官あてに権利の実行の申立てを行う（法272条の5第7項、令38条の6第1項）。権利の調査は金融庁長官が行うこととされ、少額短期保険業者に意見を述べる機会が与えられる。金融庁長官は配当表を作成し、公示し、かつ少額短期保険業者への通知を経て配当が実施される。有価証券が供託されている場合は、金融庁長官はこれを換価できる（令38条の6第2項〜7項）。

　このような供託金制度が設けられているのは、少額短期保険業者には保険会社における保険契約者保護機構などのセーフティーネットが存在せず、また、保険会社のように破綻時において責任準備金の9割（一定の例外あり）を保証するなどのルールが存在しないためである。

(5)　少額短期保険業者責任保険契約

　少額短期保険業者は内閣総理大臣の承認を受けたときは、少額短期保険業者責任保険契約（以下、責任保険契約）を損害保険会社と締結することで供託の一部を供託せず、または金融機関との保証委託契約を締結しないことができる（法272条の6）。

　責任保険契約の内容は、**図表8**のもの（概要）でなければならない（令38条の8第1項、規211条の18）。

　少額短期保険業者が上記の承認を受けようとするときは、当該承認に係る責任保険契約により当該契約の効力を生じさせようとする日の1月前までに、別

| 図表8 | 責任保険契約の内容（概要） |

一　少額短期保険業者が保険金の支払いに不足を生ずる場合において、当該少額短期保険業者が支払うべき保険金の全部又は一部に相当する額の支払いを約するものであること

二　当該少額短期保険業者の業務開始の日又は改定日から１年以上の期間にわたって有効な契約であること

三　金融庁長官の承認を受けた場合を除き、契約を解除し、又は契約の内容を変更することができないものであること

四　責任保険契約の内容が保険契約者等の保護に欠けるおそれのないものであること

五　責任保険契約の保険期間の満了後における５年を下らない一定の期間の期間延長特約が付されていること

六　責任保険契約の保険期間開始前３年を下らない一定の期間の先行行為担保特約が付されていること

紙様式第十六号の十三により作成した責任保険契約承認申請書に理由書その他の参考となるべき事項を記載した書類を添付して金融庁長官等に提出しなければならない（規211条の17）。

　責任保障契約を締結した少額短期保険業者が供託をしないことができる額を内閣総理大臣が承認することができるが、この額は少額短期保険業者が供託すべき金額から1000万円を控除した額に相当する金額を限度として承認することができる（法272条の６第１項、令38条の８第２項）。

　内閣総理大臣は、保険契約者等の保護のため必要があると認めるときは、責任保険契約を締結した少額短期保険業者に対し、供託金につき供託または金融機関の保証委託契約の締結をしないことができるとされた金額の全部または一部を供託すべき旨を命ずることができる（法272条の６第２項）。

(6)　その他の通則規定

　少額短期保険業者は登録申請事項に変更があった場合には、その旨を変更があった日から２週間以内に内閣総理大臣に届出をする必要がある（法272条の７第１項）。登録事項変更届出書は金融庁長官等に提出するものとされ（規211条

の20）、届出を受理した場合には少額短期保険業者登録簿に登録を行う（法272条の7第2項）。

　少額短期保険業者は事務所ごとに公衆の見やすい場所に標識を掲示しなければならない（法272条の8第1項）。少額短期保険業者は保険会社と誤認される文字を使用してはならない（法7条2項）。ただし、少額短期保険の文字を使用することができる（法272条の8第3項、規211条の22）。なお、保険会社とは異なり、少額短期保険の文字を商号または名称に使用することは強制されていない。

　少額短期保険は自己の名義をもって他人に少額短期保険業を行わせてはならない（名義貸しの禁止、法272条の9）。

　また、少額短期保険業者の常務に従事する取締役、および執行役（指名委員会等設置会社の場合）が他の会社の常務に従事する場合には内閣総理大臣の承認を受けなければならない（兼職制限、法272条の10）。兼職をしようとする少額短期保険業者の取締役等は少額短期保険業者経由で金融庁長官等に申請を行う（規211条の23第1項）。

　金融庁長官等は、承認の申請があったときは、当該承認の申請に係る取締役等が少額短期保険業者の常務に従事することに対し、当該承認の申請に係る兼職を行うことが何らの支障を及ぼすおそれのないものであるかどうかを審査するものとする（規211条の23第2項）。申請に係る事項が当該少額短期保険業者の業務の健全かつ適正な運営を妨げるおそれがあると認める場合を除き、これを承認しなければならない（法272条の10第2項）。

2 | 少額短期保険の業務規制

図表9　少額短期保険事業者の規模等に関する規制

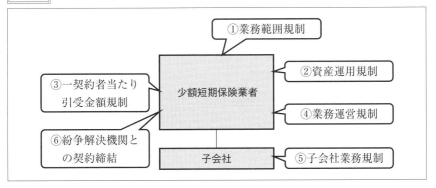

　少額短期保険業者は、保険会社と比較して簡素な規制となっていると**第1章**で述べた。とはいえ、仮に破綻すれば保険契約者・被保険者に影響が出ることには違いはない。また、万が一破綻した場合であっても保険契約者等に大きな影響を及ぼさないようにする必要もある。そのため、いくつかの規制が課されている。その業務に関する規制・制限としては**図表9**のとおりである。

(1)　少額短期保険業者の業務範囲

　少額短期保険業者は、少額短期保険業とこれに付随する業務のみを行うことができる（法272条の11第1項）。少額短期保険業者は、このように少額短期保険業とその付随業務以外の業務を行うことが原則としてできないが、少額短期保険業に関連する業務として規則で定める業務であって、当該少額短期保険業者が少額短期保険業を適正かつ確実に行うにつき支障を及ぼすおそれがないと認められるものについて、内閣総理大臣の承認を受けたときは、この限りでない（同条2項）とされている。

　この兼業可能とされている業務としては、他の少額短期保険業者または保険

会社の以下に関する事務の代行その他の保険業に係る事務の代行がある（規211条の24第1号）。

> イ）保険の引受けその他の業務に係る書類等の作成及び授受等
> ロ）保険料の収納事務及び保険金等の支払事務
> ハ）保険事故その他の保険契約に係る事項の調査
> ニ）保険募集を行う者の教育及び管理

あわせて、他の少額短期保険業者または保険会社の保険契約の締結の代理、損害査定の代理その他の保険業に係る業務の代理であって、少額短期保険業者が行うことが保険契約者等の利便の増進等の観点から合理的であるものを行うことができる（規211条の24第2号）。この規定に基づき、同一グループ内での少額短期保険業者のクロスセルが行われている（**第4章**参照）。

(2)　資産運用方法

少額短期保険業者の資産運用方法については、長期・大規模な資産運用が想定されておらず、また保険契約者保護機構も存在しないことから、運用資産が安全資産のみに限定されている（法272条の12）。具体的には以下とされている。

> 一　銀行等への預金（外貨建ての預金を除く）（規211条の26）
> 二　国債、地方債、政府保証債、特別の法律により法人の発行する債券の取得（規211条の27）
> 三　農協等への貯金等（外貨建ての貯金を除く）（規211条の28）

(3)　一保険契約者当たりの保険金額の規制

少額短期保険業者が引き受ける保険商品には、一保険契約者当たりの保険金額（総保険金額）の規制がある（法272条の13第1項）。**第1章**では一被保険者当たりの保険金額の制限を説明したが、こちらは保険契約者単位である。一般には、保険契約者である企業や個人事業主が、その従業員を被保険者として少額短期保険を付保するようなケースにおける企業や個人事業主が該当する（**図表10**）。

この金額は一被保険者に付保することができる金額の100倍とされている（上限総保険金額、令38条の9第1項）。たとえば死亡保険であれば、一被保険者

図表10　一契約者当たりと一被保険者当たりの相違

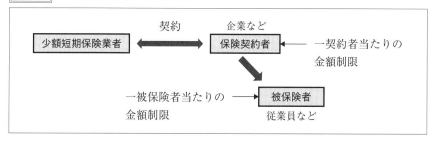

への付保上限金額が300万円なので、上限総保険金額は3億円となる。

　損害保険では一被保険者当たり1000万円なので一契約者当たりでは10億円となる。なお、傷害死亡保険に関しては、調整規定付傷害死亡保険（第1章1⑸図表6参照）と区分して定められている（令38条の9第1項かっこ書）。すなわち、調整規定付傷害死亡保険契約以外の傷害死亡保険契約においては上限総保険金額が3億円、調整規定付傷害死亡保険契約においては上限総保険金額が6億円である。

　なお、団体定期保険のように従業員が期途中で増加したような場合には、その契約期間の終了時まで、一被保険者当たり保険金額上限の110倍までの引受けを行うことが認められている（令38条の9第2項）。この場合も、調整規定付傷害死亡保険契約以外の傷害死亡保険契約においては上限総保険金額が3億3000万円、調整規定付傷害死亡保険契約においては上限総保険金額が6億6000万円である。

⑷　運営業務規制

　業務運営については保険会社の規定が準用されているものが多い（法272条の13第2項）。

　法100条の2第1項の準用を読み替えると以下のとおりである。

　少額短期保険業者は、その業務に関し、この法律または他の法律に別段の定めがあるものを除くほか、規則で定めるところにより、その業務に係る重要な事項の顧客への説明、その業務に関して取得した顧客に関する情報の適正な取扱い、その業務を第三者に委託する場合（当該業務が法275条3項の規定により

第三者に再委託される場合を含む）における当該業務の的確な遂行その他の健全
かつ適切な運営を確保するための措置を講じなければならない。

　本項により求められる措置は以下のとおりである。

①　少額短期保険業者に求められる業務運営措置（規211条の30第１項関係）

なお、後述７も参照。

一　保険契約者に対して、規227条の２第３項13号から15号までに定める書面
　の交付又は当該書面に記載すべき事項の同条第４項に規定する電磁的方法
　による提供をしたうえで、当該保険契約者から当該書面を受領した旨の署
　名若しくは押印を得るための措置またはこれに準ずる措置（規211条の30第
　１項１号）

イ）「規227条の２第３項13号　少額短期保険業者である保険会社等、その
　役員（少額短期保険募集人である保険募集人を除く。）、少額短期保険募
　集人である保険募集人又は保険仲立人若しくはその役員若しくは使用人
　が保険契約者から保険期間の満了の日までに更新しない旨の申出がない
　限り更新される保険契約を取り扱う場合にあっては、更新後の保険契約
　について、保険料の計算の方法、保険金額その他金融庁長官が定めるも
　のについて見直す場合があることを記載した書面を用いて行う説明及び
　当該書面の交付」

ロ）「規227条の２第３項14号　少額短期保険業者である保険会社等、その
　役員（少額短期保険募集人である保険募集人を除く。）、少額短期保険募
　集人である保険募集人又は保険仲立人若しくはその役員若しくは使用人
　にあっては、保険契約者保護機構の行う資金援助等の措置がないこと及
　び補償対象契約に該当しないことを記載した書面を用いて行う説明及び
　当該書面の交付」

ハ）「規227条の２第３項15号　少額短期保険業者である保険会社等、その
　役員（少額短期保険募集人である保険募集人を除く。）、少額短期保険募
　集人である保険募集人又は保険仲立人若しくはその役員若しくは使用人
　にあっては、次に掲げる事項を記載した書面を用いて行う説明及び当該
　書面の交付

（ⅰ）少額短期保険業者は、保険期間が令１条の５に定める期間以内で

あって、保険金額が令1条の6に定める金額以下の保険のみの引受け
を行う者であること
(ii) 少額短期保険業者が一の被保険者について引き受ける全ての保険の
保険金額の合計額は、2000万円（令1条の6第1号から第6号までに
掲げる保険の保険金額の合計額については1000万円）を超えてはなら
ないこと
(iii) 総保険金額は、上限総保険金額を超えてはならないこと」

上記イ）は、少額短期保険には自動更新条項を規定する保険が多いところ、
更新時期に保険料が上昇するなどの不利益が発生することがあり得ることを説
明し書面を交付することを求める措置である。

ロ）は、少額短期保険業者には、保険会社における保険契約者保護機構に該
当する制度がなく、少額短期保険業者破綻時に責任準備金等が補償されないこ
とを説明し書面を交付することを求める措置である。

ハ）は、少額短期保険業者は少額かつ短期の保険のみ引き受ける保険業者で
あること、一被保険者当たりの合計金額と一契約者当たりの上限総保険金額を
超えてはならないことを説明し、書面を交付することを求める措置である。

二 電気通信回線に接続している情報処理の用に供する機器を利用して、保
険契約の申込みその他の保険契約の締結の手続を行うものについては、保
険契約の申込みをした者の本人確認、被保険者（当該保険契約の締結時に
おいて被保険者が特定できない場合を除く。）の身体の状況の確認、契約内
容の説明、情報管理その他当該手続の遂行に必要な事項について、保険契
約者等の保護及び業務の的確な運営を確保するための措置（規211条の30第
1項第2号）
三 少額短期保険募集人の公正な保険募集を行う能力の向上を図るための措
置（同項3号）
四 保険契約の締結、保険募集又は自らが締結した若しくは保険募集を行っ
た団体保険に係る保険契約に加入することを勧誘する行為その他の当該保
険契約に加入させるための行為に際して、少額短期保険業者及び少額短期
保険募集人が、保険契約者及び被保険者に対し、保険契約の内容その他保
険契約者等に参考となるべき情報につき、保険契約の内容のうち重要な事
項を記載した書面の交付その他適切な方法により、説明を行うことを確保

するための措置（同項4号）

五　規227条の2第2項各号の規定による加入させるための行為が行われる団体保険に係る保険契約に関し、当該団体保険に係る保険契約者から当該団体保険に係る保険契約に加入する者に対して必要な情報が適切に提供されること及び当該保険契約者による当該保険契約に加入する者の意向の適切な確認を確保するための措置（規211条の30第1項5号）

②　保険金額の上限に関する措置（規211条の31関係）

少額短期保険業者は、一の被保険者について引き受けるすべての保険の保険金額の合計額が2000万円（令1条の6第1号から6号までに掲げる保険の保険金額の合計額については1000万円）を超えないための適切な措置を講じなければならない（規211条の31第1項）。また、上記で述べた一の保険契約者について引き受けられる上限総保険金額を超えないための適切な措置を講じなければならない（同条2項）。

③　社債を発行する場合における保険との誤認防止

少額短期保険業者は、社債を発行する場合には、次に掲げる措置を講じなければならない（規211条の32）。

一　保険契約ではないことその他保険契約との誤認防止に関し参考となると認められる事項（次号において「参考事項」という。）を、顧客に対し、書面の交付その他の適切な方法により説明を行うための措置（規211条の32第1号）。

二　その営業所又は事務所において、特定の窓口において取り扱うとともに、参考事項を顧客の目につきやすいように当該窓口に提示するための措置（同条2号）。

④　その他の業務運営に関する規定の準用（概要）（規211条の33関係）

これらについては、図表11参照。

なお、法272条の13第2項で準用する法100条の2に関して、少額短期保険業者における業務委託先管理（規211条の33で準用する規53条の11）については特

| 図表11 | 業務運営に関する規定（概要） |

一 投資信託委託会社等への店舗貸しによる受益証券等を取り扱う場合の誤認防止
二 電気通信回線に接続する電子計算機を利用して業務を行う場合の他の者との誤認防止
三 銀行に販売委託する場合に信用を背景とする過剰販売が行われないようにする措置
四 特定関係者である金融機関の取締役等が顧客訪問する際に別法人であることを書面交付により説明を行うことを確保するための措置
五 特定関係者である金融機関の保有する非公開金融情報を顧客の事前の同意がなく、保険募集に利用されないことを確保するための措置
六 事業を行うにあたって、顧客の属性を踏まえた健全かつ適正な業務運営を行う措置に関する社内規定を定めるとともに研修を実施するなど適正業務運営がなされるための十分な体制整備
七 死亡保険において15歳未満または被保険者同意のないものを引き受ける場合の保険金額の制限
八 個人顧客情報の安全管理措置
九 個人顧客情報の漏洩等の金融庁長官への速やかな報告等の措置
十 特別の非公開情報の目的外利用の防止を確保するための措置
十一 委託業務の適切な遂行を確保するための措置
十二 直接支払サービスを行う場合の適切な提携事業者を提示する等の体制整備
十三 特定関係者との間の取引等を行うやむを得ない理由等
十四 特定関係者等と原則禁止される取引等
十五 特定関係者との間の取引等がやむを得ないものとの承認を求める申請等
十六 特定関係者との間の取引等が100条の3ただし書に該当する承認を求める申請等

則が定められており、少額短期保険持株会社グループ内の複数の会社（少額短期保険事業者を含む場合に限る）が同じくグループ内の会社に業務委託する場合において少額短期保険持株会社が委託業務の適切な遂行を確保する措置を講じているとき、および少額短期保険持株会社自身が持株会社傘下の複数の会社（少額短期保険事業者を含む場合に限る）から共通する業務受託をするときには、少額短期保険業者には委託管理措置は求められない（法272条の13第3項）。

　上記以外にも、他の持分会社の無限責任社員等になることが禁止されている（法272条の13第2項で準用する法100条の4）。

(5)　子会社の業務範囲規制

　少額短期保険業者は、その行う業務に従属し、または付随もしくは関連する業務を専ら営む会社以外の会社を子会社とすることは認められない（法272条の14第1項）。これは上述のとおり、少額短期保険業者本体での業務が制限され、資産運用も限定的にしか認められていないことと理由を同じくするものである。この点規則に規定されている25種の業務を行う会社については、内閣総理大臣の承認を受けて子会社とすることができる（同条2項）。子会社とできる会社の例としては他の事業者の役員または職員のための福利厚生に関する事務を行う業務などがある（規211条の34第1項、図表12）。

　なお、一定の会社（図表12の一～十四、および二十五（一～十四に附帯するものに限る））については、親会社である少額短期保険業者と、少額短期保険業者の子会社（これらの役職員を含む）からの収入が50％を下回ってはならないこととされている（規211条の34第2項）。

　子会社とするための内閣総理大臣の承認の取得にあたっては、金融庁長官等への申請によることとされ、金融庁長官等は規則に定められた基準により審査を行う（規211条の35）。なお、事業譲渡、合併または会社分割に伴う子会社化で当該事業譲渡について認可を受けている場合等には、改めての承認は要しない（法272条の14第2項）。少額短期保険業者は、子会社対象会社（同条1項、規211条の34第1項）を子会社としている場合であって、少額短期保険業者が他の少額短期保険業者・少額短期保険持株会社の子会社でないときには、少額短期保険グループの経営管理を行うこととされている（法272条の14の2第1項）。経営管理とは、以下とされている（同条2項、規211条の35の2）。

---

①　経営の基本方針の策定と適正な実施

②　グループ内で利益相反の場合の調整

③　法令に適合することを確保するための体制整備

④　規則で定めるもの（再建計画が必要なものとして指定された場合の再建計画の策定と実施等）

| 図表12 | 少額短期保険業者が子会社とできる業務範囲（概要） |

一　他の事業者の役職員のための福利厚生業務	十七　保険事故等の調査業務
二　他の事業者の事業用の物品の購入・管理業務	十八　保険募集・保険媒介を行う者の教育業務
三　他の事業者の事業用の書類の印刷・製本業務	十九　事故防止のための調査、分析・助言業務
四　他の事業者の広告又は宣伝を行う業務	二十　健康、福祉、医療の調査、分析・助言業務
五　他の事業者の調査又は情報の提供業務	二十一　主として持株会社等に対するプログラム作成及び販売
六　契約締結勧誘等のためのはがき等作成・発送業務	二十二　保険契約者の取次ぎ・相談業務
七　他の事業者の事務に係る計算業務	二十三　金融等経済に関する調査・研究業務
八　他の事業者の書類の作成・整理・保管・発送業務	二十四　主として持株会社等に対するデータ処理・データ転送業務
九　他の事業者とその顧客との間の事務取次ぎ業務	二十五　上記に附帯する業務
十　他の事業者のための電子計算機に関する業務	
十一　他の事業者の役職員に対する教育・研修業務	
十二　他の事業者の現金等を輸送する業務	
十三　他の事業者の主要取引先からの現金集配業務	
十四　他の事業者の現金等の整理・確認・保管業務	
十五　少額短期保険業者等の業務代理・事務代行	
十六　保険募集	
十六の二　保険媒介業務	

(6)　紛争解決機関との契約締結義務

　少額短期保険業者には指定少額保険業務紛争解決機関との契約締結義務がある（法272条の13の2）。少額短期保険業者とその保険契約者等の顧客の間で、保険契約についての争いが発生した場合には、まずは少額短期保険業者における通常の苦情処理手続の中で解決を目指すことになる。苦情処理手続により当事者間で解決がつかなかった場合は、訴訟による解決が図られることとなるが、訴訟では顧客の費用負担や時間がかかるというデメリットがあり、また特に少額短期保険業者の契約では少額の紛争が多く、訴訟を提起するべき顧客にメリットがない場合もある。

　そこで、裁判に代わる紛争を解決する仕組みとして、法に基づいて紛争解決

機関が指定されることとなっている（法2条28項）。

　指定紛争解決機関は紛争解決等業務を行うが（法2条40項）、この紛争解決等業務には、苦情処理手続と紛争解決手続の2つの手続がある（法2条38項・39項）。苦情処理については、顧客申出（保険業務関連苦情）に対して保険会社等が対応の可否、内容を決定し、それを顧客が受け入れることによって解決が図られる。その際に、指定紛争解決機関がそれを支援する業務である。他方、紛争解決手続においては、顧客の了解を得られるような解決ができない紛争（保険業務等関連紛争）について、指定紛争解決機関が、保険会社等と顧客の間に入って和解を目指すこととなる。

　指定紛争解決機関の種別の1つとして少額短期保険業務に関するものが定められている（法2条35項・41項）。少額短期保険業について現在指定されているのは、一般社団法人日本少額短期保険協会である。

　少額短期保険業者は、指定紛争解決機関と手続実施基本契約を締結する措置を講じなければならない（法272条の13の2第1項1号）。手続実施基本契約を締結した場合には当該機関の商号または名称を公表しなければならない（同条2項）。

　指定紛争解決機関は内閣総理大臣により種別ごとに指定される（法308条の2第1項・4項）こととなっている。指定にあたって内閣総理大臣は法務大臣と協議する必要がある（同条3項）。

　紛争解決機関の指定を受けようとする者は、指定申請にあたって、所定の事項を記載した指定申請書に、誓約書、定款および登記事項証明書、業務規程、組織に関する事項を記載した書類、財産目録等、その他規則で定める書類を添付して行う（法308条の3）。

3 | 少額短期保険業者の経理

(1) 業務報告書等

　少額短期保険業者の事業年度は4月1日から翌年3月31日までと定められている（法272条の15）。少額短期保険業者は事業年度ごとに、その事業年度終了後4月以内に業務報告書等を作成し内閣総理大臣に提出することが求められる（法272条の16第1項、規211条の36第1項）。提出すべき書類は**図表13**のとおりである。

　このうち、資本金または基金が3億円以上であって会計監査人を設置すべきとされる少額短期保険業者（特定少額短期保険業者。法272条の4第1項1号ロ）は業務報告書に加えて、中間業務報告書を作成し、提出しなければならない（法272条の16第2項）。中間業務報告書は、**図表13**のうち、①、④、⑤、⑥、⑦、⑧について中間期（4月1日から9月30日）のものを提出する（規211条の36第2項）。

　また、特定少額短期保険業者が子会社等を有する場合には、子会社等の業務および財務の状況を連結して記載した中間業務報告書と業務報告書を作成して、内閣総理大臣に提出する必要がある（法272条の16第3項で準用する法110条2項・3項）。

図表13　提出すべき業務報告書

①　事業報告書
②　附属明細書
③　株式総会・総会等の事項に関する書面
④　貸借対照表
⑤　損益計算書
⑥　キャッシュフロー計算書
⑦　株主資本等変動計算書（相互会社の場合は基金等変動計算書など）
⑧　保険金等の支払能力の充実に関する書面

　なお、ここでいう子会社等には、具体的に、当該保険会社によりその意思決定機関（株主総会など）を支配されている他の法人等（子法人等という）と、当該保険会社が出資、役員派遣、融資、債務保証・担保提供、技術提供または取引を通じて、財務および営業または事業の方針に対して重要な影響を与えることのできる他の法人（関連法人等という）が含まれる（規211条の36第3項、規48条の4、令13条の5の2第3項・4項）。

⑵　公衆への開示

　次に一般へのディスクロージャーだが、少額短期保険業者は、事業年度ごとに、業務および財産の状況に関する事項を記載した説明書類または電磁的記録を作成し、すべての事務所・営業所に備え置き、公衆の縦覧に供しなければならない（法272条の17で準用する法111条1項・3項〜6項、規211条の37、**図表14**）。

　特定少額短期保険業者で子会社等を保有するものについては、その子会社について連結して記載した業務および財産の状況に関する説明書類または電磁的記録を作成し、営業所・事務所に備置・公衆の縦覧に供しなければならない（法272条の17で準用する法111条2項、規則211条の38）。

　連結で追加開示すべき事項（概要）は、**図表15**のとおりである。

　備置き・公衆縦覧は、事業年度終了時4か月以内から、翌年度の説明書類が備置き・公衆縦覧されるまでとされている（規211条の39で準用する規59条の4）。また備置きされるべき場所は少額短期保険業者の本店または主たる事務所、支店または従たる事務所、および営業所または事務所である（規211条の39の2、規211条の37第2項）。

図表14	説明書類（単体）（概要）

①　少額短期保険業者の概況及び組織に関する次の事項
イ）経営の組織
ロ）株式会社にあっては持株数の多い順に10以上の株主に関する事項
ハ）相互会社にあっては基金拠出額の多い順に5以上の基金拠出者に関する事項
ニ）取締役及び監査役（指名委員会等設置会社では執行役）の氏名及び役職名

ホ）会計参与設置会社にあっては会計参与の氏名

② 少額短期保険業者の主要な業務の内容

③ 少額短期保険業者の主要な業務に関する次の事項

イ）直近の事業年度における業務の概況

ロ）直近の3事業年度における主要な業務の状況を示す指標等

ハ）直近の2事業年度における業務の状況を示す指標等

ニ）責任準備金の残高として別表に掲げる事項

④ 少額短期保険業者の運営に関する次の事項

イ）リスク管理の体制

ロ）法令遵守の体制

ハ）指定少額短期保険業務紛争解決機関に関する事項

⑤ 少額短期保険業者の直近の2事業年度における財産の状況に関する次の事項

イ）貸借対照表、損益計算書、キャッシュフロー計算書及び株主資本等変動計算書

ロ）保険金等の支払能力の充実の状況

ハ）有価証券、金銭信託に関する取得価額又は契約価額、時価及び評価損益

ニ）公衆縦覧書類について会計監査人の監査を受けている場合にはその旨

ホ）貸借対照表等につき金商法の公認会計士等の監査証明を受けている場合はその旨

⑥ 事業継続性に疑義を生じさせる事象等がある場合はその旨・内容等

図表15 連結で追加開示するべき事項（概要）

① 特定少額短期保険業者及びその子会社等の概況に関する事項
イ）特定少額短期保険業者及びその子会社等の主要な事業の内容及び組織の構成
ロ）特定少額短期保険業者の子会社等に関する名称・所在地等の事項
② 特定少額短期保険業者及びその子会社等の主要な業務に関する事項
イ）直近の事業年度における事業の概況
ロ）直近の3連結会計年度における主要な業務の状況を示す指標
③ 特定少額短期保険業者及びその子会社等の直近の2連結会計年度における財産の状況に関する事項
イ）連結貸借対照表、連結損益計算書、連結キャッシュフロー計算書及び連結株主資本等変動計算書

> ロ）特定少額短期保険業者の子会社等である少額短期保険業者の保険金等の支払
> 　能力の充実の状況
> ハ）特定少額短期保険業者及びその子法人等が二以上の異なる種類の業種を営ん
> 　でいる場合の事業の種類ごとの区分ごとの経常収益等
> ニ）連結貸借対照表等につき金商法の公認会計士等の監査証明を受けている場合
> 　はその旨
> ④　事業継続性に重要な疑義を生じさせるような事象等が存在する場合はその旨及
> 　び内容事象の分析、検討内容、事象等を解消・改善するための対応策の具体的内
> 　容

(3)　少額短期保険業者の経理

　少額短期保険業者の経理については、保険会社の経理に関する規定がおおむ
ね準用されている（法272条の18）。準用されていないのは、以下である。

> ①　株式の評価の特例（法112条）
> ②　保険契約者の先取特権（法117条の2）
> ③　特別勘定（法118条）

これは貯蓄型あるいは運用型商品の引受けが認められていないためである。
　適用されるのは以下のとおりである（以下、「準用する」とは法272条の18で準
用されている条文を示す）。

①　事業費の償却の特例

　事業費の償却の特例として、少額短期保険業者は会社成立後5事業年度の事
業費等を資産計上することができる。他方、その積み立てた金額は成立後10年
以内に償却しなければならない（創立費の償却。準用する法113条、規211条の40、
規61条の2）とされている。事業費等には上記の創立後5年以内の事業費のほ
か、会社の成立により発起人が受領する報酬その他の特別の利益および会社の
負担する設立に関する費用に関する費用、および開業準備のために支出した金
額が含まれる。

②　少額短期保険業者である株式会社が契約者配当を行う場合

　少額短期保険業者である株式会社が契約者配当を行う場合には、公平かつ衡平な分配をするための基準に従い行わなければならない（準用する法114条、規211条の41）。認められる方法は次のとおりである。

> 一　保険契約者が支払った保険料及び保険料として収受した金銭を運用することによって得られる収益から、保険金、返戻金その他の給付金の支払、事業費の支出その他の費用等を控除した金額に応じて分配する方法（アセットシェア方式）
> 二　契約者配当の対象となる金額をその発生の原因ごとに把握し、それぞれ各保険契約の責任準備金、保険金その他の基準となる金額に応じて計算し、その合計額を分配する方法（利源別配当方式）
> 三　その他前二号に掲げる方法に準ずる方法

　保険会社と異なるのは利差配当方式が認められていない点である。

　相互会社における剰余金分配については法55条の2が適用され、やはり公正かつ衡平な分配を行うこととされている。なお、少額短期保険業者である株式会社が配当を行うには契約者配当準備金を契約者配当に充てるため積み立てる必要がある（規211条の42）。

③　一定の基準による価格変動準備金の積立て

　少額短期保険業者には、その有する資産の価格変動による損失に備えるため、一定の基準による価格変動準備金を積み立てることが求められる（準用する法115条1項、規211条の43、規211条の44。図表16）。

　価格変動準備金は国債等有価証券の売買等による損失の額が国債等有価証券の売買等による利益の額を超える場合において、その差額のてん補に充てる場合に限り取崩しが認められる（準用する法115条2項、規211条の45）。また、内

図表16　価格変動準備金

対象資産	積立基準	積立限度
国債その他の有価証券	1000分の0.2	1000分の5
子会社株式	1000分の1.5	1000分の50

閣総理大臣の認可を受けた場合は価格変動準備金の不積立て、取崩しができる（準用する法115条1項ただし書・2項ただし書）。このために少額短期保険業者は金融庁長官等に認可申請書を提出し、金融庁長官等は少額短期保険業者の業務または財産の状況等に照らしてやむを得ないと認められるかどうかの審査を行う（規211条の45）。

④　責任準備金の積立て

少額短期保険業者は、毎決算期において、保険契約に基づく将来における債務の履行に備えるために、責任準備金を積み立てる（準用する法116条1項）。積立方法は保険料及び責任準備金の積立方法書に定めた方法により普通保険準備金、異常危険準備金、および契約者配当準備金等を積み立てる必要がある（規則211条の46第1項）。

> 一　普通責任準備金　次に掲げる金額のうちいずれか大きい金額
> 　イ　未経過保険料（収入保険料を基礎として、未経過期間に対応する責任に相当する額として計算した金額）
> 　ロ　当該事業年度における収入保険料の額から、当該事業年度に保険料を収入した保険契約のために支出した保険金、返戻金、支払備金（IBNR備金（後述）を除く）及び当該事業年度の事業費を控除した金額
> 二　異常危険準備金　保険契約に基づく将来の債務を確実に履行するため、将来発生が見込まれる危険に備えて計算した金額
> 三　契約者配当準備金等　契約者配当準備金の額及びこれに準ずるもの

異常危険準備金は原則として金融庁長官の定める方法によることとされている（規則211条の46第2項）。

⑤　支払備金の積立て

少額短期保険業者は、毎決算期において、保険金、返戻金等で(i)支払義務が発生したもの、(ii)支払事由発生の報告を受けていないが支払事由がすでに発生したと認められるものについて支払備金（IBNR備金）を積み立てる（準用する法117条1項、規則211条の47）。

図表17	保険計理人の関与事項

一	保険料の算出方法
二	責任準備金の算出方法
三	契約者配当又は社員に対する剰余金の分配に係る算出方法
四	支払備金の算出
五	その他保険計理人がその職務を行うに際し必要な事項

(4)　保険計理人

　少額短期保険業者においては必ず保険計理人を選任し、保険料の算出その他の保険数理に関する事項に関与させなければならない（準用する法120条1項、規211条の48）。

　保険計理人の関与事項は、**図表17**のとおりである。

　少額短期保険業者における保険計理人は、日本アクチュアリー会の正会員であって保険数理に関する業務に3年以上従事した者、あるいは日本アクチュアリー会の準会員（5科目以上の合格者に限る）であって、保険数理に関する業務に5年以上従事した者とされている（準用する法120条2項、規211条の49）。一部の損害保険会社では保険計理人を選任することを要しない場合があるが、少額短期保険業者においては保険料及び責任準備金の算出方法書については保険計理人の確認の下で行政による審査対象ではないものとしている（法272条の4第1項6号）ことから少額短期保険業者は取締役会で必ず保険計理人を選任しなければならない。

　保険計理人は上述の関与事項に関与するほか、毎決算期において以下の4つについて確認をし、意見書を作成して取締役会に提出する（準用する法121条1項、規211条の50）。

　イ）保険料が保険数理に基づき合理的かつ妥当な方法により算出されているかどうか。
　ロ）責任準備金が保険数理に基づき合理的かつ妥当な方法により積み立てられているかどうか。
　ハ）契約者配当または社員に対する剰余金の分配が公正かつ衡平に行われているかどうか。

> ニ）将来の収支を保険数理に基づき合理的に予測した結果に照らし、保険業の継続が困難であるかどうか。

なお、これらの確認基準については、以下のものとされている（規211条の51）。

> ロ）について
> 　責任準備金が規211条の46に基づいて適正に積み立てられていること
> ハ）について
> 　契約者配当や剰余金分配が規30条の2又は規211条の41に規定するところにより適正に行われていること
> ニ）について
> 　将来の時点における資産の額として合理的な予測に基づき算定される額が、当該将来の時点における負債の額として合理的な予測に基づき算定される額に照らして、少額短期保険業の継続の観点から適正な水準に満たないと見込まれること。

　この意見書については、所定の事項を記載したものを取締役会に提出し（規211条の52、規82条）、その写しを内閣総理大臣に提出する（準用する法121条2項）。内閣総理大臣は保険計理人に対して意見書の写しについて説明を求め、あるいはその職務に属する事項について意見を求めることができる。

　保険計理人の選任は取締役会で行う（準用する法120条1項）。保険計理人が選任され、または退任したときは内閣総理大臣の届出を行う（準用する法120条3項）。また、保険計理人が法や法に基づく命令に違反したときは、内閣総理大臣は少額短期保険業者に対して保険計理人の解任を命ずることができる（準用する法122条）。

4 ┃ 監　督

(1) 総　論

　少額短期保険業者に対しては、事業方法書等の変更等の審査を通じた監督が
なされ、報告または資料の提出、立入検査などが行われる。また、業務または
財産の状況により、業務改善命令や登録取消しも行われる。

　少額短期保険業者に関しては、保険会社と同様の監督がなされるが、登録制
をとっている等の理由により若干の相違がある。情報収集の方策および行政上
の措置は、**図表18**のとおりである。

(2) 行政の情報収集の方策

　まず、内閣総理大臣が情報収集する方法である。少額短期保険業者は基礎書
類（普通保険約款、事業方法書、保険料及び責任準備金の算出方法書）について変
更しようとする場合には、あらかじめ内閣総理大臣に届出を行わなければなら
ない（法272条の19第1項）。

　保険料及び責任準備金の算出方法書（算出方法書）の変更については保険計
理人の意見書を提出する必要がある（法272条の19第2項）。算出方法書につい
ては内閣総理大臣の審査は行われないことから、変更届出受理日の翌日に変更
があったものとされる（法272条の20第1項）。これ以外の書類については、届
出を受理した日の翌日から起算して原則として60日を経過したときにその変更
があったものとされる（同項）。

| 図表18 | 少額短期保険業者に対する監督手法 |

情報収集の方策	行政上の措置
事業方法書等の変更届出	事業方法書等の変更命令
各種届出	業務改善命令
報告または資料徴求	業務停止命令等
立入検査・質問	財産状況の悪化等による登録取消し

　ただし、内閣総理大臣は法272条の4第1項5号の基準に適合する場合は上述の期間（60日）を短縮することができる（法272条の20第2項）。また、同基準に照らして審査するために相当の期間を要し、上記の期間（60日）に終了しないと認める相当な理由がある場合は延長できる（同条3項）。この場合、内閣総理大臣は遅滞なく延長後の期間および延長の理由を通知しなければならない（同項）。また変更の内容が法272条の4第1項5号の基準に反する場合は届出事項の変更または撤回を命ずることができる（同条4項）。

　少額短期保険業者は所定の場合に届出を行う必要がある（法272条の21第1項、規211条の55第1項、平成18年内閣府令・財務省令第1号、**図表19**）。

　内閣総理大臣は業務の健全かつ適切な運営を確保し、保険契約者等の保護を図るために必要があると認めるときは、少額短期保険業者に対して、報告または資料の提出を求めることができる（法272条の22第1項）。さらに少額短期保険業者の健全かつ適切な運営を確保し、保険契約者等の保護のため特に必要があるときは、少額短期保険業者の子法人等または外部委託先に報告または資料提出を求めることができる（同条2項）。子法人等および外部委託先は正当な理由があるときには、報告等を拒否することができる（同条3項）。

　上記報告または資料の提出の場合と同じ条件の下で、内閣総理大臣は、その職員をして少額短期保険業者立入り、質問、物件の検査を行うことができる（法272条の23第1項）。また特に必要がある場合には、子法人等、外部委託先へも立入り、質問、物件の検査を行うことができる（同条2項）。子法人、外部委託先は正当な理由があるときはこれを拒むことができる（同条3項）（**図表20**(70頁)）。

　図表19　届出事項（概要）

法272条の21第1号関係
① 少額短期保険業を開始したとき
② 少額短期保険業者の子会社が子会社でなくなったとき
③ 資本金の額又は基金の総額を増額しようとするとき
④ 定款の変更をしたとき
⑤ 総株主の議決権の100分の5を超える議決権が一の株主により取得又は保有

されることとなったとき

規211条の55第1項関係

① 新株予約権又は新株予約権付社債を発行しようとする場合

② 少額短期保険業者を代表する取締役、少額短期保険業者の常務に従事する取締役・監査役（含む執行役、以下役員）を選任・退任しようとするとき

③ 役員等の選退任があった場合（やむを得ず②の届出ができない場合）

④ 会計参与を選任しようとする場合又は会計参与が退任しようとする場合

⑤ 会計参与の選退任があった場合（やむを得ず④の届出ができない場合）

⑥ 少額短期保険業者を子会社とする者に変更があった場合

⑦ 子会社が名称若しくは主な業務の内容を変更し、合併し、解散し、又は業務の全部を廃止することとなった場合

⑧ 子会社が本店の所在地を変更した場合

⑨ 子法人等・関連法人等（特殊関係者という）を新たに有することとなった場合

⑩ その特殊関係者が特殊関係者でなくなった場合

⑪ 特殊関係者がその業務の内容を変更することとなった場合

⑫ 異常危険準備金について金融庁長官が定める積立基準によらない積立てを行おうとする場合又は取崩しを行おうとする場合

⑬ 責任準備金の額の計算をするに際し金融庁長官等に届け出なければならない場合として金融庁長官が定める場合

⑭ 劣後特約付金銭消費貸借による借入れをしようとする場合又は劣後特約付社債を発行しようとする場合

⑮ 劣後特約付金銭消費貸借について期限前弁済をしようとする場合又は劣後特約付社債について期限前償還をしようとする場合

⑯ 株主総会又は取締役会の決議により自己の株式を取得しようとする場合

⑰ 少額短期保険業者、その子会社又は業務の委託先において不祥事件が発生したことを知った場合

⑱ 募集の再委託の認可申請書に定めた事項を変更しようとする場合

平成18年内閣府令・財務省令第1号第1条

① 破産手続開始の決定を受け、破産手続開始の決定に対して抗告をし、又は抗告に対して裁判所の決定を受けた場合

② 再生手続開始の申立てをし、再生計画認可の決定が確定し、又は再生計画がその効力を失った場合

③　更生手続開始の申立てをし、更生計画認可の決定が確定し、又は更生計画がその効力を失った場合

図表20　内閣総理大臣の監督上の情報収集権限

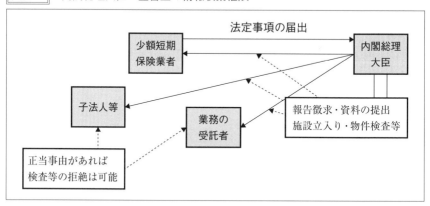

(3)　行政上の措置

　内閣総理大臣は、毎決算期における保険金割合（支払保険金を収入保険料で除した割合）等の収支の状況に照らして、保険数理に基づき、合理的かつ妥当なものと認められないとき、または責任準備金の算出方法が保険数理に基づき合理的かつ妥当なものであると認められないときは、保険料及び責任準備金の算出方法書の変更命令を出すことができる（法272条の24第１項、規211条の57、規211条の58）。また、その他の基礎書類についても少額短期保険業者の業務の健全かつ適切な運営を確保し、保険契約者等の保護を図るため必要があるときは、変更命令を出すことができる（同条２項）。

　また、内閣総理大臣は、少額短期保険業者の業務、もしくは少額短期保険業者およびその子会社の財産の状況に照らして必要があるときは業務改善計画の提出または変更を命ずることができる（業務改善命令、法272条の25）。なお、業務改善命令であって、少額短期保険業者の保険金等の支払能力の充実の状況によって必要があると認めるときにするものについては後述する。

　さらに、内閣総理大臣は、登録時の要件である資本金等や純資産額などが法

| 図表21 | 少額短期保険業者のソルベンシー・マージン比率 |

①純資産の合計額から剰余金処分金額などを控除した額＋
②価格変動準備金の額＋③異常危険準備金の額＋④一般貸倒引当金の額＋
⑤その他有価証券評価益の一定割合＋⑥土地の評価益の一定割合＋
⑦その他これらに準ずるものとして金融庁長官が定めるものの額

　　　　　　　　　　　　　　　　　　　　　　　　　　　＝＝　ソルベンシー・
　　　　　　　　　　　　　　　　　　　　　　　　　　　　　マージン比率

（イ）保険リスクに対応する額＋ロ）資産運用リスクに対応する額＋
　ハ）経営管理リスクに対応する額　　　　　　　　　　　✖　1/2

定の要件を満たさなくなった場合や小規模事業者ではなくなった場合などには期限を付して業務の全部または一部の停止を命じ、または登録の取消しをすることができる（法272条の26）。また、財政状態が悪化し、少額短期保険業を継続することが保険契約者の保護の見地から不適当と認めるときも登録の取消しを行うことができる（法272条の27）。

(4)　健全性規制

　少額短期保険業者の健全性の規定については法130条の規定が準用されている（法272条の28）。そのため、少額短期保険業者を対象としたソルベンシー・マージン比率規制が導入されている（規211条の59、規211条の60、平成18年金融庁告示14号、図表21）。

　ソルベンシー・マージン比率は少額短期保険業者のリスクを数値化し、そのリスクに対してどの程度対応できる資金が蓄積されているかを示す指標である（法130条）。この数値が200を割ったときには、少額短期保険業者の健全性に問題があるとして、業務改善命令など行政的な介入が行われることになる（早期警戒制度）。

　まず、分子となるソルベンシー・マージンだが、以下の①〜⑦を合計したものものである（規211条の59、平成18年金融庁告示14号2条）。

①　純資産の合計額から、剰余金の処分等として支出する金額等（相互会社では翌事業年度に支出する剰余金の分配額を含む）を控除した金額
②　価格変動準備金の額

③　異常危険準備金の額

④　一般貸倒引当金の額

⑤　その他有価証券の含み益の一定割合（金融庁長官の定める割合に限る）

⑥　土地の含み益一定割合（金融庁長官の定める割合に限る）

⑦　これらに準ずるものとして金融庁長官の定めるものの額

　次に分母となるリスクだが、以下がある（規211条の60、平成18年金融庁告示14号3条）。

イ）保険リスクに対応する額

ロ）資産運用リスクに対応する額（内訳として、価格変動リスクに対応する額、信用リスクに対応する額、子会社等リスクに対応する額およびこれらに準ずるものとして金融庁長官が定めるところにより計算した額）

ハ）経営管理リスク対応額（以上のリスク相当額に一定の係数をかけたもの）

　上記で述べた、少額短期保険業者に対して保険金等の支払能力の充実の状況に関して業務改善命令等を出す場合には、ソルベンシー・マージン比率に係る区分に応じて定められた内容のものでなければならない（法272条の25第2項、平成18年内閣府・財務省令第1号保険業法第272条の25第2項に規定する区分等を定める命令2条）。内容は**図表22**のとおりである。

　なお、保険会社の保険契約の移転規定が少額短期保険業者にも準用されている。保険契約の移転は、グループの再編や経営悪化時の保険会社の再建のために利用されることがあるが、少額短期保険業者も利用することができる。少額短期保険業者の保険契約の移転は、少額短期保険業者または保険会社（外国保

図表22	ソルベンシー・マージン比率と改善措置命令	
非対称区分	保険金等の支払能力の充実の状況を示す比率200％以上	措置なし
第1区分	保険金等の支払能力の充実の状況を示す比率100％以上200％未満	経営の健全性を確保するための合理的と認められる改善計画の提出の求めおよびその実行の命令
第2区分	保険金等の支払能力の充実の状況を示す比率100％未満	保険金等の支払能力の充実に資する措置に係る命令

険会社等含む）に対してすることができるものとされている（法272条の29）。保
険契約の移転の手続は原則として保険会社の規定が準用されている（同条）。
なお、保険会社に契約移転をする場合の認可権限は財務局長ではなく、金融庁
長官に留保されている（令48条3項23号）。

　そのほか、事業の譲渡または譲受（法272条の30第1項）、業務および財産の
管理の委託（同条2項）も保険会社の規定が準用されている。

Topic 1　少額短期保険業者の経営悪化を受けた監督指針の改正

　新型コロナ感染症による入院を担保する保険についての保険金削減事例やペッ
ト保険における少額短期保険業者の経営悪化等を受けて、金融庁は監督指針を
2023年に改定した。その主なポイントは以下のとおりである。
(1)　早期警戒制度に関連した、収益性の改善および流動リスクの管理態勢につい
　て改善が必要と認められる少額短期保険業者の選定（Ⅱ－2－3－2(3)）
　監督指針では、この選定対象となるのは、①現預金の水準が十分ではなく、資
金繰りに懸念のある少額短期保険業者、②純資産額の水準が十分ではない少額短
期保険業者、③ソルベンシー・マージン比率が十分ではない少額短期保険業者、
④保険計理人の意見書において、保険計理人から保険業の継続に対して問題を提
起されている少額短期保険業者が明記された。
(2)　流動性リスク管理態勢（Ⅱ－2－8－2）の主な着眼点
①　態勢整備として以下の4点が挙げられている（概略）。
　(i)　日々の資金繰りの管理・運営を行う資金繰りの管理部門を設置している
　　か。
　(ii)　代表取締役、担当取締役、取締役会、資金繰りの管理部門および各業務
　　部門との間で、資金繰り管理に係る報告、政策企画および指揮命令態勢を
　　適切に整備しているか。
　(iii)　流動性リスク管理方針を策定しているか。流動性リスク管理方針に基づ
　　く資金繰り管理には、必要に応じてリスクリミットの設定やストレステス
　　トの実施などのような管理が含まれているか。
　(iv)　資金繰りの状況をその資金繰りの逼迫度に応じて区分し、各区分時にお
　　ける管理手法、報告手法等の規定を、取締役会等が承認のうえ、整備して
　　いるか。

② リスク管理として以下の4点が挙げられている。

(ⅰ) 取締役会は、戦略目標を定めるにあたり、資金繰りリスクを考慮しているか。資金繰り管理に係る報告が流動性リスク管理方針を遵守したものであったかを検証しているか。また、流動性危機時の対応策およびその重要な見直しを承認しているか。

(ⅱ) 資金繰り管理部門は、流動性リスク管理方針およびリスク管理の規定に従い、資産・負債両面からの流動性についての評価、流動性確保状況の把握、資金繰り表ならびに資金繰り見通しの作成等により、資金繰りを適切に管理しているか等。

(ⅲ) 各業務部門は、流動性リスクを考慮した業務運営を行っているか。

(ⅳ) 資金繰りリスクの管理にあたっては、出再保険の管理を行っているか。

5 | 少額短期保険募集人

(1) 保険募集

保険募集とは、保険契約の締結の代理または媒介を行う者であって、契約の締結の代理または媒介をいう（法2条26項）。具体的には以下のようなものを指す（監督指針Ⅱ―3－3－1(1)）。

> イ）保険契約の締結の勧誘
> ロ）保険契約の締結の勧誘を目的とした保険商品の内容説明
> ハ）保険契約の申込の受領
> ニ）その他の保険契約の締結の代理又は媒介

なお、ニ）に該当するかどうかは、一連の行為の中で、①少額短期保険業者や少額短期保険募集人（以下、少額短期保険業者等という）などからの報酬を受け取る場合や、少額短期保険業者等と資本関係を有する場合など、少額短期保険業者等が行う募集行為と一体性・連続性を推測させる事情があること、および②具体的な保険商品の推奨・説明を行うものであることといった要件に照らして総合的に判断するものとされている。

(2) 少額短期保険募集人

少額短期保険募集人とは、①少額短期保険業者の役員もしくは使用人、または②少額短期保険業者の委託を受けた者、もしくは③その者の再委託を受けた者もしくはこれらの者の役員もしくは使用人で、その少額短期保険業者のために保険契約の締結の代理または媒介を行うものをいう（法2条22項）とされている（図表23(次頁)）。代表権を有する役員ならびに監査役等は除かれている。

法では、特定少額短期保険募集人と法276条の登録を受けた少額短期保険募集人でなければ少額短期保険業者の保険募集を行ってはならないとしている（法275条1項3号）。ここで特定少額短期保険募集人とは、少額短期保険募集人のうち、家財保険など損害保険（法3条5項1号）、傷害疾病保険など第三分野の保険（同条4項3号）および海外旅行保険（同条5項3号）のみに係る保険募

図表23　少額短期保険募集人

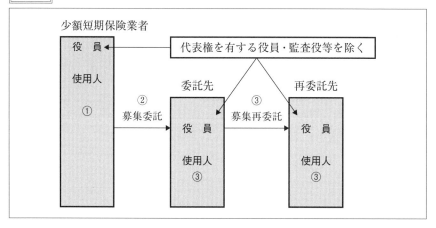

集を行う者であって、少額短期保険業者の委託を受けた者またはその者の再委託を受けた者でないものをいう（法275条1項3号かっこ書、規212条の3）とされている。すなわち、生命保険に属する種類の保険募集を行わない者であって、保険代理店にも該当しないもの（つまり保険代理店の従業員等）を指す。特定少額短期保険募集人には登録義務がない。

　これは生命保険募集人と損害保険募集人についての登録義務との平仄を取ったものである。すなわち、生命保険募集人にあってはすべての募集人が登録をしなければならない（法275条1項1号）が、損害保険募集人にあっては損害保険代理店に該当するもののみに登録が要求されている（同項2号）ことにあわせている。

(3)　再 委 託

　少額短期保険の募集にあっては、保険募集の委託を受けた者が募集の再委託を行うことは原則として行うことができないが、保険募集再委託者が以下の要件のいずれにも該当する場合において、当該再委託をする者（以下、保険募集再委託者）およびその所属保険会社等である少額短期保険業者が再委託に係る契約について内閣総理大臣の認可を受けたときに限り、再委託をすることがで

きる（法275条3項）。

> 一　少額短期保険業者から委託を受けた保険会社又は外国保険会社等であって、その所属保険会社等である少額短期保険業者と規則で定める密接な関係にあること
> 二　再委託を受ける者が保険募集再委託者の生命保険募集人又は損害保険募集人であること
> 三　保険募集再委託者が、再委託について、所属保険会社等である少額短期保険業者の許諾を受けていること

保険募集再委託者となれるのは保険会社または外国保険会社等に限られ、少額短期保険業者は保険募集再委託者にはなれない。また上記一でいう規則で定める密接な関係とは、以下のものである（規212条の6の2）。

> 一　当該所属保険会社等の子法人等、
> 二　当該所属保険会社等を子法人等とする親法人等
> 三　上記一、二の子法人等（所属保険会社等及び一、二を除く）

以上をまとめると**図表24**である。

図表24	少額短期保険の再委託

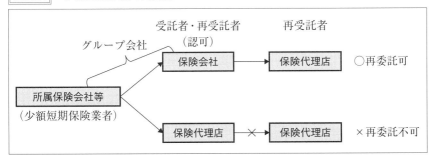

6 ｜ 少額短期保険募集人である銀行等

(1)　総　　論

　法では、銀行等は保険契約者の保護に欠けるおそれが少ない場合として規則に定める場合にのみ少額短期保険の募集が認められることを規定している（法275条1項3号）。銀行等の保険募集は法において認められており（同条2項）、銀行等にとっては法定他業となる（銀行法12条等）。

　銀行等の保険募集行為については、すべての保険契約を対象とする一般弊害防止措置と、特定の保険契約以外を対象とする特別な弊害防止措置がある。そして特別な弊害防止措置には地域金融機関の特例および協同組織金融機関の特例がある（図表25）。

(2)　一般弊害防止措置のみが適用される保険契約

　一般弊害防止措置のみが適用される保険契約については図表26のとおりである（規212条の4第1項1号〜4号の2）。

　なお、これらの商品（主契約）に特約として、特別な弊害防止措置の適用のある保険を付した場合は、主契約と特約に関連性が高く、かつ保険料や保険金の両者の割合が妥当なものである必要がある（規212条6項）。

　なお、図表26で長期火災保険契約とあるが、少額短期保険募集人として募集できるのは2年が最長である。また生命保険契約に該当するものについては1年を超える契約を募集することはできない。

図表25　銀行の保険販売の弊害防止規定の構図

一般弊害防止措置		
（一般措置のみ適用）	特別な弊害防止措置	地域金融機関特例
特別の弊害防止措置の対象とならない保険契約	左記以外の保険契約	協同組織金融機関特例

　これらの商品はおおむね2005年の制度改正前から、銀行が保険募集できるものとされていた保険商品やそれに類するもの（一部例外あり）で、銀行が募集するにあたって弊害が発生しにくいものと判断されたものである。

(3) 一般弊害防止措置の内容

　上記(2)に挙げた保険契約の募集にあたっては一般弊害防止措置のみが課される（規212条の4第2項）。銀行等はこれらの措置を講ずる必要がある。具体的な内容は図表27のとおりである。

　まず、保険募集以外の業務、たとえば銀行業における預金額などの情報（非公開金融情報）を、事前に書面その他の適切な方法により同意を取得すること

図表26　一般弊害防止措置のみがとられる保険契約（概要）

少額短期保険募集人関連

> 住宅ローン関連の信用生命保険契約
> 住宅ローン関連の長期火災保険契約（地震保険除く）
> 住宅ローン関連の債務返済支援保険契約
> 海外旅行傷害保険契約等
> 銀行の特定関係者の事業による損失をてん補する保険契約

図表27　一般弊害防止措置（概要）

非公開情報保護措置
　　保険募集以外の業務で得た個人情報（非公開金融情報）を同意なく保険募集に利用しない
　　保険募集で得た個人情報（非公開保険情報）を同意なく保険募集以外の業務に利用しない
保険募集に関する指針を定め公表し実施するための必要な措置
　　保険募集に係る保険契約の引受けを行う保険会社等の商号または名称の明示
　　保険契約の締結にあたり顧客が自主的な判断を行うために必要と認められる情報の提供
法令等遵守責任者の設置

なく保険募集業務に利用しないこと、逆に保険募集を行うことに伴って得た個人情報（非公開保険情報）を銀行業務（たとえば融資業務）に、事前の書面その他の適切な方法により同意を取得することなく利用しないことを確保するための措置を講じることが求められる（規212条の4第2項1号）。このため、銀行が自社の顧客一般に保険募集案内を送ることは可能だが、預金額を基準に選定した顧客の宛て先に保険募集案内を送ることは規制される。

　次に、保険募集の公正を確保するため、保険募集のための指針を策定・公表し、遵守することが求められる（規212条の4第2項2号）。内容は上記**図表27**内に記載のとおりであるが、詳細には監督指針が保険会社向けの総合的な監督指針を準用して定めている。

　概略を示すと①保険契約は少額短期保険業者が引き受けるものであることなど保険契約のリスクの所在につき適切な説明を行うこと、②複数の商品から顧客の自主的な判断による選択を可能にするよう情報提供を行うこと、③保険募集にあたって法令違反等の販売責任は銀行にあること、④苦情・相談の受付先の明示および適切なアフターフォローを行うこと、⑤保険募集にあたって適切な記録を残すことである（監督指針Ⅱ－3－3－5、保険会社向けの総合的な監督指針Ⅱ－4－2－6－3）。

　最後に、銀行は法令等を遵守するため、保険募集を行う営業所または事務所ごとに責任者を配置するとともに、これらの責任者を指揮し法令遵守を統括する統括責任者を本店または主たる事務所に配置しなければならない（規212条の4第2項3号）。

(4)　特別な弊害防止措置

　銀行である少額短期保険募集人が一般弊害防止措置および特別な弊害防止措置の下で募集できる保険は以下のイ）とロ）である。

> イ）損害保険契約（事業活動により事業者に生ずる損害をてん補するものおよび上記(2)で挙げたもの（前掲**図表26**参照）、および自動車保険を除く）であって、
> 　(i)　法人その他の団体もしくは集団（団体等）またはその代表者を保険契約者とし、かつ、当該団体等の構成員を被保険者とするもの、あるいは

（ii）団体等の構成員を保険契約者とし、かつ、当該団体等若しくはその代表者またはそれらの委託を受けた者が少額短期保険業者のために保険契約者から保険料の収受を行うことを内容とする契約を伴うもの、の2つのいずれにも該当しない損害保険（規212条の4第1項5号）。

ロ）生命保険契約、医療保険などの第三分野保険、損害保険のうちで、上記
(2)で掲げたもの以外の保険契約、ならびにイ）に該当しない損害保険契約
（規212条の4第1項6号）。

これらの保険の募集を行うときには、①融資先への募集制限、②適正な業務運営の確保、③融資担当者と募集担当者の分離措置をとる必要がある（規212条の4第3項）。これは銀行の融資先への圧力募集の懸念があるためにとられた措置である。たとえば事業主の財政状態が悪化したような場合において、銀行からの圧力によって自由意思でなく保険加入を迫られることがないようにするための規制である。

まず、①銀行の融資先への保険募集制限のイメージは、**図表28**のとおりである（規212条の4第3項1号等）。

法人またはその代表者に事業性融資を行っている場合には、融資先の法人とその代表者に対して手数料を得て保険募集を行うことが禁止される（規212条

図表28　融資先への保険募集制限（イメージ）

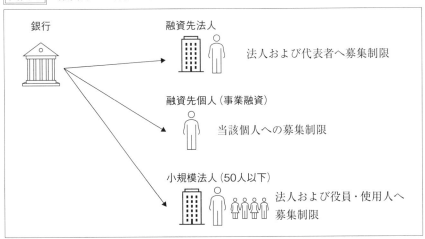

の4第3項1号イ）。また、個人に事業性融資（住宅ローンは該当しない）を行っている場合にはその事業主である個人に対して、同様に手数料を得て保険募集を行うことが禁止される（同号ロ）。さらに常時使用する従業員の数が50人以下である小規模事業者である個人または法人に融資をしている場合には、その事業主や役員だけではなく、従業員も含めて、手数料を得て募集することが禁止される（同号ハ）。この①の規制対象となる保険契約は上記ロ）に関する保険契約に限定されており、かつすでに有償で販売した保険契約の更改・更新に係るものは禁止から除かれる。

　単純な募集の禁止ではなく、手数料を得て保険募集を行うことが禁止されるのは、保険加入後に融資先であることが判明した場合などにおいて、募集手数料を受け取らないことで、いわば純粋な顧客サービスとしては行えることとしたためである。

　また、②銀行が、顧客が保険募集制限先に該当するかどうかを確認する業務を的確に遂行するための措置および保険募集業務が銀行業務の健全かつ適正な運営に支障を及ぼさないようにするための措置等を講ずる必要がある（規212条の4第3項2号）。これにより顧客が銀行取引のため来店したような場合において、募集行為を行うにあたって募集制限に抵触するような行為を行わないように顧客属性を管理する措置をとることなどが求められる。またこのことを確保するために内部監査部門への適切な人材配置などの体制整備が求められる（監督指針Ⅱ－3－3－5、保険会社向けの総合的な監督指針Ⅱ－4－2－6－9）。さらに、伝統的な銀行業務とはリスクの性質が異なる保険募集業務を行うにあたって、募集業務が銀行等のその他の業務の健全かつ適切な運営に支障を及ぼさないようにするための措置をとる必要がある（規212条の4第3項2号）。

　さらに③融資担当者と保険募集担当者を分ける規制がある（規212条の4第3項3号）。これは、たとえば従業員50人を超える中程度の規模の事業者であっても、融資担当者が保険募集を行うことにより、保険加入が融資の条件であるとの暗黙の了解が生じ、自由意思での保険加入が行われないことを回避するため等の理由によるものである。

　これら特別な弊害防止規制に関しては、地域金融機関と協同組織金融機関に関する特例がある。地域金融機関は顧客が小規模であることが多いこと、ま

た、協同組織金融機関は融資先が会員であることを踏まえて特例が定められている。

(5)　特例地域金融機関特例と協同組織金融機関特例

　特例地域金融機関の特例は、**図表29**のとおりである。

　上述の小規模事業者（本則基準は50人以下）の役員・使用人に対する募集制限については、常時使用する従業員数基準が20人以下とされる（規212条の4第3項1号ハ、**特例①**）。これは上述のとおり地域金融機関の取引先に小規模事業者が多いことを念頭に置いた特例である。ここで地域金融機関とは営業地域が特定の都道府県に限定されるものをいう（同条4項）。**特例①**は地域金融機関であれば当然に適用されるが、募集指針に20人から50人までの融資先企業に対する契約者一人当たりの募集制限保険金額を記載しなければならない（後述）。

　また地域金融機関は支店の規模が小さく、担当者分離が難しいことがある。このため担当者分離に代えて、直接担当する事業者の関係者に募集を行わないことを確保するための措置、あるいは法令違反の募集行為でないことを確認する責任者を設置するという措置をとることができる（規212条の4第3項3号、**特例②**）。**特例②**は**特例①**と異なり、少額短期保険募集人である銀行が採用するかどうか選択できる。ただし、**特例②**を選択した場合には、50人超の融資先企業の役職員への募集できる保険金額についても上限金額を募集指針に定める必要がある（同条4項）。たとえば死亡保険金は上限が1000万円、入院給付金は日額5000円、がんなどの特定疾病入院は日額1万円などである（平成19年金融庁告示128号）。ただし、少額短期保険では死亡保険は一被保険者当たり上限300万円であるなど別途の規制がかかることとなる。

| 図表29 | 地域金融機関特例 |

対　　象	地銀、信用金庫、労働金庫、信用組合、農協等の地域金融機関
特　例　①	小規模法人の規模を従業員50人以下から20人以下に引下げ
特　例　②	担当者分離措置の緩和 ➡担当者分離措置の緩和を選択するとたとえば死亡保険金1000万円を上限とするなどの販売商品金額に制限がある。

| 図表30 | 地域金融機関特例（金額上限は別途少額短期保険であることによる制限がある） |

事業者規模	～20人	～50人	50人超
一般の銀行	募集禁止	募集禁止	金額上限なし
地域金融機関 担当者分離 代替措置	募集禁止 募集禁止	金額上限規制あり 金額上限規制あり	金額上限なし 金額上限規制あり

| 図表31 | 協同組織金融機関特例 |

対　象	信用金庫、労働金庫、信用組合、農協などの協同組織金融機関
特　例	会員かつ融資先である法人やその代表者、個人事業主への保険募集が可能 ➡地域金融機関特例②（図表29）同様に販売商品金額の制限がある

　特例②を選択しない場合、常時使用する従業員50人を超える融資先については、本則どおり、上限金額なしに保険募集が可能となる（規212条の４第４項等）。ただし、20人超50人以下の融資先小規模事業者に対しては特例②を選択しなくとも保険金額制限はかかる。

　以上をまとめると図表30のようになる。

　もう１つは協同組織金融機関に関する特例だが、これは信用金庫、信用組合のように、融資を受けるべき事業者が会員等となっている組織である。信用金庫等は会員のために組織され、運営されていることから会員等に対しても保険募集を可能とする特例がある（規212条の４第５項、図表31）。

　この特例を選択する場合には、募集指針に銀行等保険募集制限先に該当する会員もしくは組合員に販売する保険商品の保険金額が、一人当たりの上限額を超えないための措置を記載する必要がある。上限額は上記で述べた地域金融機関における金額と同様である（規212条5項等）。

　なお、地域金融機関特例と協同組織金融機関特例は別の独立した特例であり、信用金庫などどちらも該当するような金融機関では、いずれかの選択をする、しないはそれぞれ決定することができる。

図表32　銀行の保険販売に関する規制構図

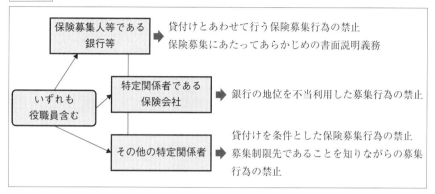

(6)　銀行の保険募集における禁止行為

　銀行の弊害防止措置は上記で述べたとおりだが、銀行の保険募集規制には独特の規制が導入されている。法300条1項9号に紐付いた規234条1項7号以降が該当する条文となる。まず、全体像だが、①銀行自体が少額短期保険募集人として行う行為に関する規定、②銀行の特定関係者（グループ会社）である少額短期保険業者の行為規制、③少額短期保険業者以外の銀行の特定関係者の行為規制の3種類が存在する（図表32）。

　ここで特定関係者とは銀行法施行令4条の2第1項1号から10号まで等を指す（規212条の2第7項）。具体的には、銀行の子法人・関連法人、銀行主要株主、銀行持株会社とその子会社、特定個人銀行主要株主（銀行の議決権を50％超を保有する者）が保有する法人とその法人の子法人・関連法人、特定個人銀行主要株主が20～50％保有する会社等が含まれる。

①　保険募集人である銀行等の禁止行為

　まず、特定保険募集人である少額短期保険募集人（特定少額短期保険募集人を除く（特定少額短期保険募集人については、上記(2)参照））である銀行等、およびその役職員は、**図表33**（次頁）の行為が禁止される（規234条1項7号～10号）。主には融資と保険募集がセットにされることを禁止する行為規制である。なお、**図表33**の④は協同組織金融機関には適用がない（同項10号）。

| 図表33 | 少額短期保険募集人である銀行等の禁止行為 |

対　象	少額短期保険募集人である銀行等またはその役員もしくは使用人
禁止行為	①　信用供与の条件として保険募集を行う等優越的地位を濫用する募集行為 ②　予め保険取引が他の銀行業務に影響を与えない旨を書面で説明しない募集行為 ③　予め募集制限先に該当するかどうかの確認業務を書面で説明しない募集行為 ④　顧客が銀行に貸付申込みを行っていることを知りながら行う募集行為

| 図表34 | 少額短期保険募集人である銀行の禁止行為 |

対　象	少額短期保険募集人である銀行等等またはその役員もしくは使用人
禁止行為	住宅ローン関連の信用生命保険の募集にあたって、困窮時の相談窓口を説明しない募集行為

| 図表35 | 銀行等の特定関係者である少額短期保険業者の禁止行為 |

対　象	銀行等の特定関係者に該当する少額短期保険業者またはこれらの者の役員もしくは使用人
禁止行為	銀行等の取引上の優越的地位を不当に利用して、保険契約の申込みをさせ、またはすでに成立している保険契約を消滅させる行為

　また、住宅ローンに関しては返済困難となった場合の相談先を説明しないことを禁止している（規234条1項11号）（図表34）。

②　銀行等の特定関係者である少額短期保険業者の禁止行為

　次に、銀行等のグループ会社（特定関係者）である少額短期保険業者等の役職員が、グループの銀行の影響力を不当に利用して、保険契約に申し込ませたり、既存の契約を消滅させたりする行為が規制されている（規234条1項12号、図表35）。

| 図表36 | 銀行等の特定関係者等の禁止行為 |

対　象	特定保険募集人である銀行等の特定関係者またはその役員もしくは使用人
禁止行為	①　保険加入が信用供与の条件となっていることを知りながら行う募集行為 ②　銀行等の募集制限先であることを知りながら行う募集行為 ③　顧客が銀行に貸付申込みを行っていることを知りながら行う募集行為

③　銀行等の特定関係者の禁止行為

　最後に、銀行等のグループ会社（特定関係者）、またはその役職員が行う募集行為で禁止されているのが**図表36**である。銀行のグループ会社が保険募集を行う場合に、保険募集人ではない銀行と通謀して行う不適切な行為が行われないようこれらの規制が課される（規234条1項13号～15号）。ただし、**図表36**の③の規定は協同組織金融機関には適用がない（同項15号）。

7 少額短期保険募集に関する特別な募集規制の規定

　募集規制全般については少額短期保険独自というものは少ないが、情報提供義務に特例がある。それらは以下のとおりである。（法294条１項、規227条の２第３項13号〜15号）。この点に関連して上述２(4)①を参照。

---

①　少額短期保険業者である保険会社等、その役員（少額短期保険募集人である保険募集人を除く）、少額短期保険募集人である保険募集人または保険仲立人もしくはその役員もしくは使用人が保険契約者から保険期間の満了の日までに更新しない旨の申出がない限り更新される保険契約を取り扱う場合にあっては、更新後の保険契約について、保険料の計算の方法、保険金額その他金融庁長官が定めるものについて見直す場合があることを記載した書面を用いて行う説明および当該書面の交付

②　少額短期保険業者である保険会社等、その役員（少額短期保険募集人である保険募集人を除く）、少額短期保険募集人である保険募集人または保険仲立人もしくはその役員もしくは使用人にあっては、保険契約者保護機構の行う資金援助等の措置がないことおよび補償対象契約に該当しないことを記載した書面を用いて行う説明および当該書面の交付

③　少額短期保険業者である保険会社等、その役員（少額短期保険募集人である保険募集人を除く）、少額短期保険募集人である保険募集人または保険仲立人もしくはその役員もしくは使用人にあっては、次に掲げる事項を記載した書面を用いて行う説明および当該書面の交付

(i)　少額短期保険業者は、保険期間が令１条の５に定める期間以内であって、保険金額が令１条の６に定める金額以下の保険のみの引受けを行う者であること

(ii)　少額短期保険業者が一の被保険者について引き受けるすべての保険の保険金額の合計額は、2000万円（令１条の６第１号から第６号までに掲げる保険の保険金額の合計額については1000万円）を超えてはならないこと

(iii)　総保険金額は、上限総保険金額を超えてはならないこと（特例上限総保険金額を超えてはならないことを含む）

　以上のほか、顧客の意向の把握等（法294条の２）、業務運営に関する措置（法295条）、保険契約の締結等に関する禁止行為（法300条）等の募集規制は保険会社の場合と同様に適用がある。

第3章
少額短期保険業者の主な商品内容

　第3章では、少額短期保険業者の主な商品および特徴的な商品について解説を行う。解説といっても保険商品は約款で成り立っていることから、商品の主な特徴を各社の約款および重要事項説明書から抽出して、一般に理解できるような解説をつけたものである。

　本章は、1「家財保険」、2「生命保険」、3「医療保険」、4「ペット保険」、5「費用・その他保険」からなる。

　1「家財保険」と4「ペット保険」は、各社の商品がある程度標準化しているので、標準的な契約条項の説明となる。2「生命保険」、3「医療保険」と5「費用・その他保険」は、個別性が強いので、特徴のある会社の商品について説明を行っている。

1 賃貸住宅等に係る家財保険等

(1)　総　　論

　一般に火災保険は被保険者が所有する建物と建物内にある家財を補償する保険契約であるが、少額短期保険においては1000万円の補償上限がある（第1章1(5)参照）。そのため、火災等による建物自体の損害をその所有者に対して補償する保険は取り扱われておらず、居住目的で賃借された建物＝借用戸室内の家財保険を中心とする保険が多く販売されている。業界では一般に住生活総合保険と呼称されているようであり、本項ではまず、この住居に使用される借用戸室（賃貸住宅等）の家財に関する保険について紹介する。なお、説明箇所には一般的とされる条項および解説を付しているが、会社によって条項自体あるいはその解釈が異なる可能性があることを付言しておきたい。

　賃貸住宅等に係る家財保険等については、一般的に以下のような補償がある[1]。

> ①　家財補償
> ②　災害修理費用等補償
> ③　死亡時修理費用補償
> ④　借家人賠償責任補償
> ⑤　個人賠償責任補償

(2)　家財補償

①　補償の対象となる家財

　家財補償は借用戸室内（入居物件）に収容される被保険者所有の家財＝生活用動産が補償の対象となる。一般には家具や生活用物品で建物内に置かれたものを指す。借用戸室外でも、敷地内の駐輪場にある自転車、敷地内のエアコンの室外機、借用戸室に付属する洗濯機置き場の洗濯機、敷地内で干してある洗

1）東京海上ミレア少短、全管協少短、SBI日本少短など。

図表1 家財保険の付保範囲

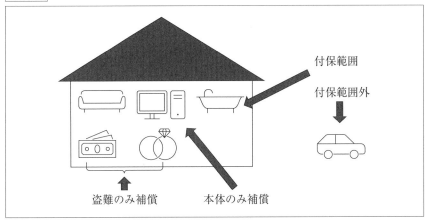

出典：各社約款より著者作成。

濯物も補償の対象となることを規定する保険がある。また、建物に付随する物置、車庫その他の付属建物に収容される動産を補償対象に含むことを規定する商品もある。

　他方、敷地内に駐車してあっても自動車やバイクなどは補償の対象外である。また現金や預金通帳、キャッシュカード、貴金属、美術品などは盗難以外の損害については補償されない。さらに業務用に使用する動産は補償対象ではない（別商品として商用テナント保険を提供する会社もある）。したがって、店舗併用住宅で業務用に使用している家具や家電などは補償されない。

　また、設計図、PC の中に保存されたデータやプログラムなどは補償対象にならない。付保範囲の概要は**図表1**のとおりである。

② **保険金が支払われる事故**

（i） **火　　災**

　火災とは、人の意図に反して発生しもしくは拡大し、または放火により発生して、消火の必要がある燃焼現象であって、これを消火するために消火施設またはこれと同程度の効果のあるものの利用を必要とするもの、または人の意図に反して発生しもしくは拡大した爆発現象をいうとされる。したがって、たば

| 図表2 | 火　　災 |

焼け焦げ程度は含まない

出典：各社約款より著者作成。以下**図表22**まで同じ。

| 図表3 | 落　　雷 |

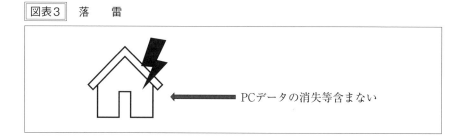

PCデータの消失等含まない

この火が床に落下して焼け焦げがついた程度のものは火災に含まれない[2]。火災によって家具等が焼失した場合に保険金が支払われる（**図表2**）。

(ii)　落　　雷

雷とは、雲の中で電気が発生し、電流が流れたときに発生する現象であって、雲と地上の間で放電が発生すると、落雷になる。なお、落雷によってPCのデータが破損することがあるが、PC内のデータは補償対象外とされており、保険金は支払われない（**図表3**）。

(iii)　破裂・爆発

気体または蒸気の急激な膨張を伴う破壊またはその現象をいう[3]。プロパンガスの爆発などが該当する（**図表4**）。

2）東京海上日動火災保険『損害保険の法務と実務』（金融財政事情研究会、2010）64頁参照。

3）東京海上日動火災保険・前掲注2）65頁参照。

図表4　爆　　発

図表5　建物外部からの物体の落下等

⒤　建物外部からの物体の落下・飛来・衝突・倒壊

　自動車の家屋への飛込みやタイヤがはねた飛び石、いたずらによる投石、ボールが飛んできた場合などであって保険の対象である家財に損害が生じた場合が該当する（図表5）。

⒱　給排水設備の事故または他人の戸室で生じた事故による水濡れ

　水道管や排水管、貯水タンクや給湯ボイラー、トイレの水洗用設備、スプリンクラーなどの設備のトラブルにより、水濡れが生じることを指す。

　たとえば、トイレやお風呂などの排水管が詰まり、水があふれた場合が該当する。マンションやアパートなどといった集合住宅で、上の階の住人が起こした事故などにより、自分の戸室内の家具や家電などの家財が水濡れの損害を受けたことなどが該当する。

　自宅の戸室における事故は給排水設備の事故に限定されているため、たとえば自宅のふろ場の蛇口の閉め忘れで風呂の水をあふれさせたような場合には保険金は支払われない。他方、他の住人が起こしたこのような逸水により被害を受けた場合には保険金が支払われる（図表6（次頁））。

| 図表6 | 給排水設備の事故または他人の戸室で生じた事故による水濡れ |

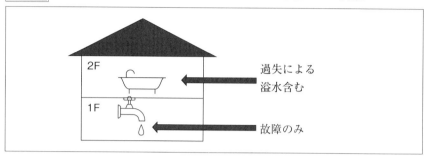

| 図表7 | 騒　擾　等 |

(vi)　騒乱・労働争議等に伴う暴力行為・破壊行為

　群衆または多数の者の集団の行動によって数世帯以上またはこれに準ずる規模にわたり平穏が害される状態または被害を生ずる状態であって、暴動に至らないものをいう。たとえば自宅前で集団による破壊行為が発生し、建物が破壊されるともに家具も破壊されてしまった場合などを指す（**図表7**）。

　ここで、暴動とは群衆または多数の者の集団の行動によって、全国または一部の地区において著しく平穏が害され、治安維持上重大な事態と認められる状態をいう。暴動にまで至った場合には補償対象とはならない。被害が幅広く多方面で発生するからである。また、小規模ないたずらなども含まない[4]。

(vii)　盗　　難

　強盗、窃盗またはこれらの未遂をいう。戸室外に持ち出された家具等であっても敷地内に存在する場合に盗難にあった場合は補償される。現金、預貯金証

---

4 ）東京海上日動火災保険・前掲注 2 ） 67頁参照。

図表8 盗 難

現金、預金通帳、貴金属も対象
届出が必要

図表9 風災等（吹き込み）

書（キャッシュカード含む）、貴重品、美術品などは補償対象となるが、後述の
とおり限度額が設定されている。なお、キャッシュカードなどの盗難にあって
は、直ちに預金先に被害届出をし、かつ実際にお金が引き出された場合に限っ
て保険金が支払われる（図表8）。

(viii) 風災・雹災・雪災

風災とは台風、旋風、暴風、暴風雨等による災害のことをいい、洪水、高潮
を除く。雹災とは、空から降ってくる大粒の氷の塊（＝雹）で生じた損害のこ
とを指す。雪災とは豪雪、雪崩等をいい、湧水洪水を除く。風災、雹災、雪災
については一定の自己負担額（たとえば5000円）を設定し、自己負担額を超え
る損害が発生した場合に、その超えた損害部分について保険金を給付する。た
だし、損害額が一定の規模（たとえば20万円）を超えるようなケースには自己
負担額を適用しない。これは小規模な損害については補償対象外とすること
で、保険料水準が高額にならないよう抑えることを意図するものである（図表
9）。

(ix) 水 災

台風、暴風雨、豪雨等による洪水・融雪洪水・高潮・土砂崩れ等異常気象に

図表10　水　　災

床上浸水以上などの
制限あり

よる水害をいう5）（**図表10**）。ただし、地震もしくは噴火による津波は補償対
象外である。水災については頻繁に起きるものであることから保険金が支払わ
れる場合が限定されている。支払われる場合は、借用戸室が床上浸水もしくは
借用戸室が属する建物について半壊以上になった場合などである。

　また、水災においては、家財保険金額の一定額（たとえば10%）を限度とす
る。洪水は地域全体に発生する場合が多く、多件数の被害が発生するため、保
険金の支払われる場合や金額を限定することで保険料の高騰を抑制しているも
のである。また、水災を一切補償しない商品もある。

　(ｘ)　(ⅰ)〜(ⅸ)以外の不測かつ突発的な事故による破損・汚損

　たとえば子供が遊んでいて家具を壊したような場合が該当する。ただし、1
回の事故について一定額（たとえば3万円）を超える場合においてのみ、その
超えた部分について保険金を支払うこととされ、また支払上限金額が定められ
ている。

③　家財保険の保険金額

　火災保険の保険金額の設定は通常、時価か再調達価額で行われているが、家
財の保険金額の設定は通常、再調達価額で行われる（**図表11**）。

　再調達価額とは、保険契約の対象である物と同等の物を新たに建築あるいは
購入するために必要な金額をいう。これに対し時価とは、再調達価額から経過
年数や使用による消耗分を差し引いた金額をいう。支払われるのが時価である
と、壊れた家具と同等のものを購入することができないためである。

5）東京海上日動火災保険・前掲注2）68頁参照。

図表11 再調達価額と時価

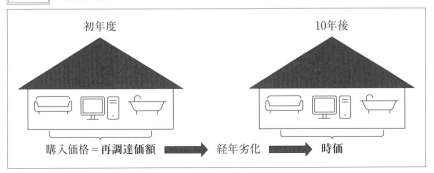

初年度　　　　　　　　　　　　　　　10年後

購入価格＝**再調達価額** ➡ 経年劣化 ➡ **時価**

　ただし、家具等について厳格な価格が設定されるわけではなく、借用戸室の面積や居住人数などから保険契約者が家具全体について概算で設定することとされている。

　支払われる金額は契約された保険金額を上限として損害として認められる額となる。ただし、盗難の場合に、支払保険金額に上限があるものがあり、現金（20万円など）、キャッシュカードを含む預貯金証書（1回200万円など）、貴金属等（1回1個ごとに30万円上限かつ合計で100万円など）が設定されている。また、一回の盗難においては、貴金属とその他の家財をあわせて家財保険金額を上限として支払われる。

　その他、風災・雹災・雪災の場合、水災の場合、不測かつ突発的な事故による破損・汚損の場合は上述のとおりである。

④　保険金が支払われない場合
以下、保険金が支払われない場合である。

イ）保険契約者または被保険者の故意、重大な過失、または法令違反によって生じた損害

ロ）戦争、外国の武力行使、革命、政権奪取、内乱、武装反乱その他これらに類似の事変または暴動によって生じた損害

ハ）地震、噴火またはこれらによる津波によって生じた損害（以下で述べる地震災害費用保険金は除く）。なお、地震による津波は上述の水災補償条項

　によっては保険金が支払われないのは上述のとおりである。

ニ）核燃料物質もしくは核燃料物質によって汚染された物の放射性、爆発性
　その他の有害な特性またはこれらの特性によって生じた損害

ホ）家財が屋外にある間に生じた事故による損害。ただし上記で述べたとお
　り、駐輪場の自転車や屋外に設置された洗濯機などは補償対象となる。

ヘ）家財に生じた破損・汚損等の損害で次のいずれかのもの
　・欠陥によって生じたもの
　・自然の消耗・劣化、変質、変色、かび、ねずみ食い、虫食い等によって
　　生じたもの
　・加工、修理または調整の作業上の過失または技術の拙劣によって生じた
　　もの
　・すり傷、かき傷、塗料のはがれその他単なる外観上の損害であって機能
　　に支障がないもの
　・電球、蛍光管等の管球類のみに生じたもの
　・置き忘れ、紛失または不注意による廃棄によって生じたもの

⑶　家財補償に付属する費用の補償

①　臨時宿泊費用保険金（仮住まい費用保険金）

　上記⑵家財補償によって保険金が支払われる事故によって借用戸室が属する
建物が損害を受け、電気・ガス等の供給停止もしくは生活用通路の使用不能の
結果、借用戸室に居住できなくなったため、やむを得ず一時的にホテル等の有
料宿泊施設を利用した場合に支払われる保険金である（**図表12**）。実費が支払
われるが、一泊当たりの上限額と総額について上限額がある。

図表12　臨時宿泊費用保険金

一次的な宿泊

② 被災転居費用保険金

上記⑵家財補償によって保険金が支払われる場合であって、その事故によって借用戸室または借用戸室が属する建物が半壊以上の損害を受けたため借用戸室に居住できなくなった結果として支出した以下の費用に対して支払われる保険金である（**図表13**）。

・転居先の賃貸借契約等に必要な資金
・転居先への引越費用

---

③ 残存物取片付け費用保険金

上記⑵家財補償によって保険金が支払われる場合であって、損害を受けた家財の残存物を取り壊し、搬出、清掃に必要な費用に対して、保険金が支払われる（**図表14**）。実費支払いであるが、一事故当たりの上限額（たとえば家財保険金額の10%）がある。なお、盗難および不測かつ突発的な事故による破損・汚損に関してはこの保険金を支払わない保険もある。

図表13 被災転居費用保険金

図表14 残存物取片付け費用保険金

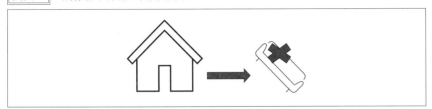

④　失火見舞費用保険金

借用戸室から発生した火災、破裂・爆発によって他人の所有物に損害が生じた場合の見舞金等の費用に対して保険金が支払われる（**図表15**）。被災世帯当たり金額（たとえば10万円）が支払われるが、１回についての上限額（たとえば家財保険金額の20％）が設定されている。

失火責任法（失火の責任に関する法律）によれば、失火による他の建物への延焼については、失火した者に軽過失があるだけでは失火者は賠償責任を負わない。しかし、軽過失の失火であっても被害にあった近隣にお見舞金を支払うことができるようにする補償である。なお、借家人は借用戸室を原状復帰して貸主へ返還する義務がある。したがって、軽過失であっても貸主への損害賠償責任は免れない。この責任については、借家人賠償保険がカバーする。

⑤　地震災害費用保険金

借用戸室が属する建物が地震、噴火またはこれらによる津波で全損となった場合に保険金が支払われる（**図表16**）。一事故当たりの定額（たとえば20万円）が支払われる。この保険金は家財に対する保険金ではなく、一種の見舞金と見

| 図表15 | 失火見舞費用保険金 |

| 図表16 | 地震災害費用保険金 |

ることができる。

⑥　その他の費用

　損害の発生または拡大の防止のために必要または有益な費用のうち消火薬剤等の再取得費用、消火活動に投入した機材の費用等を支払うもの、および、少額短期保険業者が保険金を支払うのと引き換えに取得する損害賠償請求権その他の債権の保全または行使ならびにそのために必要となる証拠および書類の入手のために必要な費用を支払うものがある。

(4)　災害修理費用等補償

①　修理費用保険金

　災害修理費用は、(i)被保険者に過失その他の責に帰すべき事由によって賃貸借契約に基づく義務に反した場合、もしくは(ii)賃貸借契約等により被保険者が修理すべき旨が定められている場合、または(iii)被保険者が修理すべき窮迫の事情がある場合であって、被保険者が自己の負担において修理を行ったときは、修理費用が補償される。

　具体的には、上記(2)①の(i)〜(ix)までの事由による損害、上記(2)①の(i)〜(ix)以外の不測かつ突発的な事故による洗面台、浴槽、便器およびこれらの附属物の損害、および上記(2)①の(i)〜(ix)以外の不測かつ突発的な事故による取付板ガラスの損害を修理した場合の費用について支払われる（図表17）。

②　修理費用保険金／凍結再発防止費用保険金

　借用戸室専用水道管の凍結による損害が生じた場合に、被保険者が損害発生

| 図表17 | 災害修理費用等補償 |

図表18　修理費用保険金／凍結再発防止費用保険金

図表19　ドアロック交換費用保険金

直前の状態に復旧するために修理費用を負担した場合、および凍結事故が発生した箇所において同種の事故が再発しないように改良工事の費用についての保険金が支払われる（図表18）。

③　ドアロック交換費用保険金

(ⅰ)借用戸室のカギを借用戸室外で盗取された場合、(ⅱ)ドアロックに対して、故意にその機能を喪失または阻害される行為が行われ、ドアロックの機能の一部または全部が失われた場合において、被保険者の負担においてドアロックを交換した場合に保険金が支払われる（図表19）。

(5)　死亡時修理費用補償条項

①　死亡時修理費用保険金

借用戸室内で被保険者が死亡したことにより、借用戸室が損害を受けた場合に、その清掃・消臭・修理の費用を被保険者（相続人を含む）が負担した場合の費用を保険金として支払う。

| 図表20 | 死亡時修理費用補償条項 |

清掃・消臭等費用

遺品片付け費用

| 図表21 | 借家人賠償責任補償 |

賃借人

賠償金支払い

賃貸人

② 遺品整理費用保険金

被保険者が死亡（借用戸室内かどうかは問わない）し、賃貸借契約等が終了する場合で、借用戸室を貸主に明け渡すために遺品の成立が必要な時、明け渡すために必要な遺品の整理に要する費用を被保険者（相続人を含む）が負担した場合の費用を保険金として支払う（図表20）。

(6) 借家人賠償責任補償

次の事故によって借用戸室を損壊させ、貸主に対して法律上の損害賠償責任を負担することによって被保険者が被る損害に対して、借家人賠償責任保険金を支払う（図表21）。上述のとおり、火災による損害賠償責任は軽過失では発生しないが、賃貸物件（借用戸室）の原状回復義務があるため、賃借人は賃貸人に賠償責任を負うことになる。

> イ) 火災
> ロ) 破裂・爆発
> ハ) 給排水設備の使用または管理に起因する漏水、放水または溢水による水濡れ

賠償責任費用のほかに負担する費用は、(i)争訟費用、(ii)示談交渉費用、(iii)権

利保全行使費用、(iv)協力費用である。ただし、法律上の損害賠償金が賠償責任保険金額を超える場合は、(i)と(ii)は賠償責任保険金額の法律上の損害賠償金に対する割合によって削減して支払われる。

(7)　個人賠償責任補償

日本国内で次の事故によって、他人の身体の傷害または財物の損壊について法律上の損害賠償責任を負担することによって被保険者が被る損害に対して個人賠償責任保険金を支払う。

> イ）借用戸室の使用または管理に起因する事故
> ロ）被保険者の日常生活に起因する事故

ただし、ロについては保険証券記載の被保険者およびその同居する親族である被保険者について補償が行われる（**図表22**）。

図表22　個人賠償責任補償

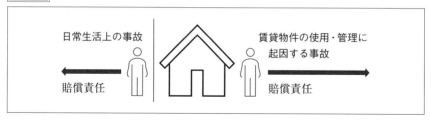

2 | 生命保険

(1) 保険金

① 死亡保険金

　少額短期保険の生命保険は比較的単純な給付事由となっており、通常は保険期間内に被保険者が死亡したことであらかじめ定められた金額の死亡保険金が支払われるものとなっている。多くは葬儀保険との名称を付けて掛捨ての定期保険としている。1年契約であるが、通常は健康状態の有無にかかわらず一定の年齢までは自動更新される。なお、少額短期保険業者には養老保険や満期時に返戻金を支払う保険の引受けは認められておらず、満期保険金はない。

② 特約保険金

　死亡保険金に入院したり所定の条件に該当したりする場合に特約保険金が支払われる特約を付加することができる保険がある。図表23は、SBI いきいき少短の死亡保険で疾病保険金が支払われる特約に該当する11疾病である[6]。これらの疾病で約款所定の状態に該当した場合には、死亡保険金額の10分の1の疾病保険金が支払われる。この疾病保険金は図表23のいずれかに該当したと

図表23	疾病保険金が支払われる11疾病		
①	悪性新生物（がん）	⑦	肝硬変
②	急性心筋梗塞	⑧	糖尿病
③	拡張型心筋症	⑨	高血圧疾患
④	脳卒中	⑩	慢性閉塞性肺疾患
⑤	脳動脈瘤	⑪	リウマチ
⑥	慢性腎不全		

出典：SBI いきいき少短約款より著者作成。

---

6) https://www.i-sedai.com/product/ansin/tokuyaku.html　参照。

図表24　責任開始日

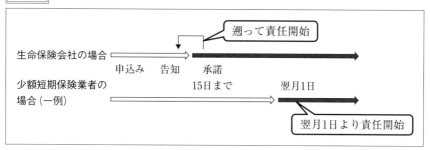

出典：各社約款より著者作成。以下**図表33**まで同じ。

き1回限りに支払われ、特約は消滅する。

(2)　責任の開始

　生命保険会社の約款では、契約を承諾すべき内容であったときには、契約日とはかかわりなく、イ）申込日、ロ）告知日、ハ）初回保険料相当額支払日のいずれもが完了した日に遡って責任が開始するとされている。なお、昨今はキャッシュレスでクレジットカード決済等による保険料支払いとなる場合にはハ）は考慮されずに（あるいはクレジットカード会社からの承認（オーソリゼーション）をもって払込みがあったとして）責任が開始される。

　他方、少額短期保険業者の約款では異なる取扱いが一般のようである。すなわち、以下となる。

> ①　契約の申込みが行われ、それに対する少額短期保険業者の承諾が当月15日までに行われたときに翌月1日より責任が開始される。
> ②　承諾が15日以降になったときは、責任開始日は順延される。

なお、少額短期保険業者の場合の保険料徴収は口座振替えまたはクレジットカード経由ということが多く、初回保険料相当額の支払い（振替日）は責任開始日とは関係がない。

　つまり、生命保険会社の約款では通例、生命保険会社の承諾から遡って責任が開始することとされるが、少額短期保険業者の場合は、少額短期保険業者の承諾の後に責任が開始されるという違いがある（**図表24**）。

| 図表25 | 猶予期間と失効 |

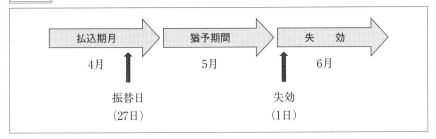

　保険加入年齢は80代まで新規加入できることとされ、99歳あるいは100歳まで更新による加入が可能とする商品がある。

(3)　保 険 料

　保険料は年払いあるいは月払いを認める設定が多い。保険料はたとえば5歳ごとの年齢群団に分けて定められており、契約更新にあたって1つ上の年齢群団に該当することとなる場合は保険料が上昇する。保険料の払込期間を払込期日の当月内（たとえば4月）とすると、翌月いっぱい（この場合は5月31日）までを猶予期間としている。6月1日に失効し、契約は効力を失う（**図表25**）。この取扱いは多くの生命保険会社と同様である。

　ただし、多くの生命保険会社では3年以内などの期限を区切って、失効した契約の効力を回復させる「復活」という手続があるが、少額短期保険業者では「復活」を取り扱っていないのが一般である。これは契約期間が最長で1年と短期であるため、長期に継続させる必要の高い生命保険会社の契約とは異なる取扱いになっているものと思われる。

　保険料は掛捨てであるため、月払契約では契約を途中解約しても保険料は返還されない。他方、年払契約の場合は解約時点から本来の契約終了時までの未経過期間に応じて計算された金額が返金される（**図表26**(次頁)）。

(4)　保険金が支払われない場合

　保険金額が支払われない場合の大まかな区分は**図表27**(次頁)である。

図表26　年払保険契約の解約返戻金

年払保険料払込み　　　解約　　　　所定の算式で返金

図表27　保険金が支払われない場合

① 　免責事由：被保険者の自殺（3年以内）
　　　　　　　　：保険契約者または保険金受取人による故殺
② 　保険契約の解除：告知義務違反解除（因果関係のある場合）
　　　　　　　　　　：重大事由による解除
　　　　　　　　　　：詐取取消し
③ 　失効など保険契約が有効でない場合

図表28　免責事由

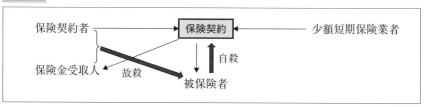

① 　免責事由

　保険契約者サイドが故意に死亡事故を発生させたものとして、保険金を支払わないのは以下の場合である（**図表28**）。

イ）自殺
　責任開始期の属する日からその日を含めて3年以内の被保険者の自殺
ロ）保険契約者の故意
　保険契約者の故意による被保険者の死亡（保険契約者の故殺）
ハ）保険金受取人による故意
　保険金受取人の故意による被保険者の死亡（保険金受取人の故殺）

図表29　告知義務違反による解除と保険金支払い

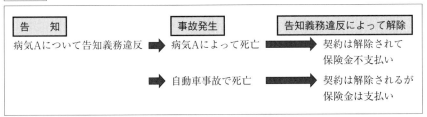

②　保険契約が解除された場合

（i）　告知義務違反による解除

　保険契約加入時に故意または重大な過失によって事実と異なる告知を行った場合、または告知するよう求められた事実を告知しなかった場合には保険契約は解除されることがある。解除された後の死亡には保険金は支払われない。ただし、死亡が解除前であり、告知義務違反をした事由と関係のない事由により死亡した場合には保険金は支払われる（図表29）。告知義務違反による解除、保険金不支払いなどの取扱いは保険会社の損害と同様である。

（ii）　重大事由による解除

　保険契約者サイドに保険契約を維持できない程度に至る信頼関係を破壊する行為があった場合に、少額短期保険業者から契約を解除される。具体的には以下のとおりである。なお、これらの場合には死亡原因の如何によらず保険金は支払われない。

> イ）保険金を詐取する目的または他人に保険金を詐取させる目的で事故招致（未遂を含む）をしたとき
> ロ）死亡保険金の請求に関し、詐欺行為（未遂を含む）があったとき
> ハ）保険契約者、被保険者または保険金受取人が、反社会的勢力に該当すると認められるとき、またはその他反社会的勢力と社会的に非難されるべき関係を有していると認められるとき
> ニ）上記と同等の重大な事由があるとき

　重大事由による解除も保険会社とほぼ同様であるが、特徴的なのは、保険会社の約款に存在する「他の保険契約との重複によって、被保険者に係る給付金

額等の合計額が著しく課題であって、保険制度の目的に反する状態がもたらされるおそれがある場合」が入っていないところである。これはそもそも普通死亡の保険金額が300万円と比較的少額であることなどから規定されていないものと思われる。

(iii)　**詐欺による取消し**

保険契約について詐欺の行為があって取り消された場合や、保険金の不法取得目的があって保険契約が無効となった場合

③　そ の 他

上述の保険契約が失効した場合などがある。

3 | 医療保険

(1) 保 険 金

① 入院給付金（保険金）

(i) 給 付 金

給付金は入院1日に対して所定の給付金が支払われるものが一般であるが、入院1日目で最低保障額（固定額）を支払う商品もある（図表30）。

大手の少額短期保険業者であるSBIいきいき少短の医療保険では1回の入院について60日間を上限として、契約時に設定した一日当たり1000円～1万円の給付金を支払うという保険設計となっている[7]。

責任開始期（後述）以降に発症した疾病または不慮の事故を原因として入院した場合に支払われる。

(ii) 入 院

「入院」とは、一般に、医師等（柔道整復師法に定める柔道整復師を含む）による治療が必要であり、かつ、自宅等での治療または通院によっては治療の目的を達するのが困難なため、所定の病院または診療所等に入り、常に医師等の管理下において治療に専念することをいう。この定義はほぼ生命保険会社のものと同様である。

図表30 入院給付金の算定

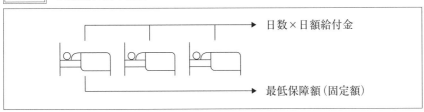

日数×日額給付金

最低保障額（固定額）

7）https://www.i-sedai.com/product/new_ikiiki/ 参照。

図表31　入院期間の帰属する保険期間

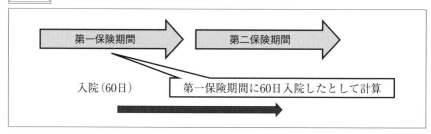

ⅲ　病　院　等

　病院または診療所とは、医療法に定める日本国内にある病院または患者を入院させる施設を有する診療所（患者を入院させるための施設と同等の施設を有する柔道整復師法に定める施術所において、四肢における骨折、脱臼、捻挫または打撲に関し施術を受ける場合にはその施術所を含む）とされる。

ⅳ　入院期間

　少額短期保険業者にあっては、保険期間は最長１年間であり、かつ保険期間における傷害疾病保険の保険金額の上限が80万円との制限がある（第１章１⑸図表６参照）。この点に関し、入院期間が保険期間をまたぐときの計算方法が問題となるが、実務的には入院が開始された日が属する保険期間に、当該入院によって支払われる給付金額が帰属するものとして計算される（図表31）。

　したがって図表31のケースで入院給付金額が日額5000円とすると第一保険期間に30万円給付金が支払われたと計算される。

　図表32を参照いただきたい。一保険期間において１回の入院給付金額の支払日数の上限が60日とされているものとしたときに、２度入院した場合の取扱いがどうなるかである。同一の原因で２度入院した場合の取扱いは入院期間の間（つまり退院日から次の入院日の間の日数）が180日を超えるかどうかで判断される（図表32）。

　超える場合はそれぞれの入院に対して上限60日まで、超えない場合は同一入院として、両方の入院日数について通計で上限60日まで支払われる。

図表32　同一入院か別入院か

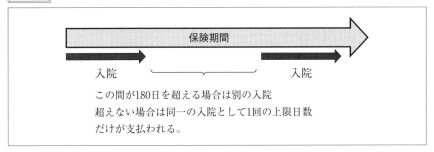

保険期間

入院　　　　　　　　　　　　　　　入院

この間が180日を超える場合は別の入院
超えない場合は同一の入院として1回の上限日数
だけが支払われる。

②　手術給付金（保険金）

（i）　給　付　金

　入院給付金が支払われる場合で、入院期間中に公的医療保険制度によって手術料の算定される手術を受けたときに支払われる。すなわち責任開始期以降に発症した疾病または不慮の事故を原因として入院した場合において、手術料の算定される施術の受けた場合であるから、たとえば美容整形、創傷処理（けがの治療）、非観血施術などには支払われない。

(2)　責任の開始・保険料

　上述の生命保険と同様であるため説明は省略する。

(3)　保険金が支払われない場合

　生命保険と同様に、①免責事由、②保険契約の解除、③失効など保険契約が有効でない場合が該当する。以下、解説する。

　生命保険における免責事由は原則として保険契約者等が故意に被保険者を死亡させる（3年以内の自殺含む）ことに限られているが、傷害疾病保険における免責事由は被保険者が保障を受けるに値しない程度の違法な行為で受傷した場合や、薬物依存や精神障害のような場合、あるいはむちうち症のような他人から確認できない傷害などが免責事由として定められている（**図表33**（次頁））。

図表33	保険金が支払われない場合

① 保険契約者または被保険者の故意または重大な過失

② 被保険者の犯罪行為

③ 被保険者の薬物依存

④ 被保険者の精神障害の状態を原因とする事故

⑤ 被保険者の泥酔の状態を原因とする事故

⑥ 被保険者が法令に定める運転資格を持たないで運転している間に生じた事故

⑦ 被保険者が法令に定める酒気帯び運転またはこれに相当する運転をしている間に生じた事故

⑧ 頚部症候群（いわゆる「むち打ち症」）または腰痛でいずれも他見所見のないもの（原因の如何を問わない）

(4) 医療保険で特徴的な給付の例

① 先進医療給付金

　被保険者が責任開始期以降に生じた不慮の事故による傷害または発病した病気を原因とする療養であって、厚生労働大臣が定める先進医療技術および医療機関による療養を受けた場合、所定の先進医療給付金が支払われる（例としてSBIいきいき少短[8]）。

　先進医療とは公的医療保険の給付対象外とされる通常の療養よりも高度な技術を用いた医療である。先進医療は、健康保険法等において、「厚生労働大臣が定める高度の医療技術を用いた療養その他の療養であって、保険給付の対象とすべきものであるか否かについて、適正な医療の効率的な提供を図る観点から評価を行うことが必要な療養」として、厚生労働大臣が定める「評価療養」の1つとされている。具体的には、有効性および安全性を確保する観点から、医療技術ごとに一定の施設基準を設定し、施設基準に該当する保険医療機関は届出により保険診療との併用ができることとしたものである（図表34）。

　先進医療の具体事例としては陽子線治療や重粒子線治療などがある。先進医療給付金は先進医療の技術料に応じた所定の金額を支払うものである。

8）https://www.i-sedai.com/product/new_ikiiki/　参照。

図表34 評価療養の対象である先進医療

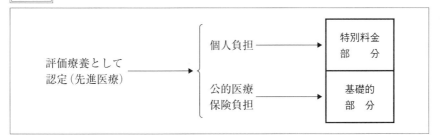

図表35 差額ベッド代

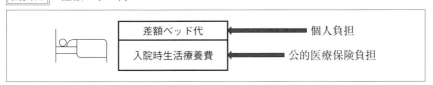

② 差額ベッド費用保険金

被保険者が次のいずれかに該当する入院をし、その入院によって差額ベッド費用を負担した場合に支払われる保険金である。定額型の医療保障ではなく、差額ベッド代に絞った実費補償行う商品もある（たとえばプラス少短[9]）。

> イ）責任開始日以後に生じた不慮の事故による傷害を直接の原因とした入院
> 　（ただし、事故の日を含めて180日以内に開始した入院であることを要する）
> ロ）責任開始日以後に生じた疾病（異常分娩を含む）を直接の原因とした入院

ただし、イ）ロ）ともに治療を目的とした入院であり、病院または診療所への入院日数が1日以上であることを要する。

この場合、1回の入院につき、保険証券記載の入院における一日当たりの支払限度額以下の負担した一日当たり差額ベッド代×入院日数を支払う。ただし、1回の入院については入院日数30日を限度とし、一保険期間における差額ベッド費用保険金の支払金額は80万円を限度とする。なお、加入後半年の間の

9）https://plus-ins.net/sagaku

疾病による入院については給付額の別途の制限があるケースがある（例として
プラス少短の「手ごろであんしん入院保険　緩和型」[10]）（**図表35**（前頁））。

③　特定重度障害保険金

責任開始日以後に発生した不慮の事故を直接の原因として保険期間中に、傷
害を被った日から起算して180日以内に所定の特定重度障害状態になったとき
に支払われる（例としてぜんち共済[11]）。

④　傷害通院保険金

責任開始日以後に発生した不慮の事故を直接の原因として保険期間中に傷害
を被り、その傷害の治療を目的として傷害を負った日から起算して180日以内
に通院を開始したときに支払われる（例としてぜんち共済[12]）。伝統的な生命保
険会社の通院給付金では入院後の通院のみを補償することに比較すると、入院
を要件としていない点に特色がある。

(5)　商品自体が特徴的な医療保険

①　フリーランス保険「スマ Qworker[13]」（東急少短）

フリーランス・個人事業種向けの傷害保険　フリーランサー等で働く方のリ
アルな仕事でのけがをはじめ、オンライン業務中のけがを補償する。仕事以外
でも個人のスポーツや日常生活でのけがも補償する。保険金はけがによる入院
補償最大30万円、手術補償最大20万円、通院補償最大6万円となっている。保
険料は均一で9720円／年となっている。フリーランスには労災保険の適用が
ないことから業務上の災害についても医療費等を給付するという特徴のある保
険である（**図表36**）。

10）https://plus-ins.co.jp/pdf/tegoro/tegoro_jyusetu_kanwa.pdf　参照。

11）https://www.z-kyosai.com/ansinhoken　参照。

12）前掲注11）と同じ。

13）https://www.tssi.co.jp/service/smaqworker.html　参照。

図表36	フリーランス保険

出典：東急少短 HP より著者作成。

図表37	スマ Qsnow

出典：東急少短 HP より著者作成。

② スポーツ＆レジャー保険「スマ Qplay／スマ Qplay+[14)]」（東急少短）

　スマホで、90秒で加入申込みできるスポーツ、レジャー、日常生活のための傷害保険である。スマ Qplay+ には救援者費用補償が附帯されている。その他、東急少短では、ゴルファー向けの「スマ Qgolf[15)]」や、冬季レジャー愛好家向けの「スマ Qsnow[16)]」などのスポーツ時の傷害保険を引き受けている（図表37）。

③ 医療費用保障付生命保険（ビバビーダメディカルライフ[17)]）

　この保険は日本に在住もしくは来訪した外国籍の方および帰国等で日本に一時的に滞在する日本国籍の方を対象とした、死亡、特定重度障害、医療費用を

---

14) https://www.tssi.co.jp/service/smaqplay.html、
　　https://www.tssi.co.jp/service/smaqplay_plus.html　参照。

15) https://www.tssi.co.jp/service/smaqgolf.html　参照。

16) https://www.tssi.co.jp/service/smaqsnow.html　参照。

17) https://vivavida.net/jp/　参照。

保障するものである。日本国内で疾病または傷害を負った場合やそれらの原因により日本国内で死亡した場合に約款に基づいて保険証券記載の保障種目と保険金額を限度に保険金を支払う。保障は以下のとおりである。

（i）　**生命保障**

●傷害死亡

日本国内で保険期間に発生した不慮の事故による傷害が原因で被保険者が事故の日から180日以内の保険期間内に日本国内で死亡した場合に死亡保険金（傷害死亡）を支払う。

●普通死亡

日本国内で保険期間内に発生した不慮の事故による傷害以外の事由で、被保険者が日本国内で新規加入後の保険始期日から8日目以降に、日本国内で死亡した場合、死亡保険金（普通死亡）を支払う。

（ii）　**特定重度障害保障**

日本国内で保険期間中に発生した不慮の事故による傷害で、事故の日から180日以内に日本国内で特定重度障害を負った場合に保険金を支払う。

（iii）　**医療費用保障**

日本国内で保険期間内に発生した傷病について医療機関で医師の診察や治療を受けた場合に、契約者（または被保険者）が支払った医療費を診療報酬点数（1点につき10円）に基づいて支払う。

このような商品形態から、本商品は日本の公的医療保険に加入をしていない外国籍の人もしくは海外在住の日本国籍の人向けの訪日中の医療実費を支払うことが目的の商品であるといえる。

④　**有配当総合医療保険（「たすけ愛」など）（アビリティクラブたすけあい[18]）**

この保険は被保険者が保険期間中に死亡、ハンディキャップ（後遺障がい）、入院、傷害通院、ワーカーズケア（自立援助サービス）を必要とするなど所定の状態になったとき（中略）保険金を支払うことを主な内容とする（約款前文）。

18）https://kyosai.npoact.org/hoshou　参照。

図表38　ハンディキャップ保険金

⇒ハンディキャップ保険金

⇒軽度ハンディキャップ保険金

出典：アビリティ共済 HP より著者作成。

特徴的な保険金は以下のとおりである。

（ⅰ）　ハンディキャップ保険金

被保険者が責任開始日以降に発病した病気、または責任開始日以降に発生した不慮の事故による傷害を原因として保険期間内に別表2「ハンディキャップ保険金　身体障がい表」（省略）に定める身体障がい状態に該当すると、医師の診断に基づき同会が認定したとき（図表38）に支払われる。

（ⅱ）　軽度ハンディキャップ保険金

被保険者が責任開始日以降に発病した病気、または責任開始日以降に生じた不慮の事故による傷害を原因として保険期間内に次のすべてに該当したとき支払われる。

・アビリティクラブ約款別表3「軽度ハンディキャップ保険金　身体障がい表」（省略）に定める身体障がい状態に該当すると医師の診断に基づき同会が認定したとき
・ハンディキャップ保険金の支払事由に該当しないとき

（ⅲ）　ワーカーズ・ケア保険金

被保険者が、入院中またはその退院後60日以内、または手術および傷害の事由発生時から60日以内かつ保険期間内に、同会が認定する団体のたすけあいワーカーズ（以下「ワーカーズ」という）から、被保険者が必要とする家事等の援助を受けたとき保険金を支払う。ただし、家事等の援助のうち、公的保障の対象となった部分はワーカーズ・ケア保険金の対象とはならない。

家事等の援助を同会が認定する団体に依頼したにもかかわらず、ワーカーズの派遣を受けられなかった場合でかつ、同会が認めた場合は、家事代行者等によるケアをワーカーズによるケアと見なす。

| 図表39 | 家事等の援助 |

出典：アビリティ共済 HP より著者作成。

　家事等の援助とは、食事作り、洗濯、掃除、買い物等の基本的な援助および病院等への外出介助、家族の介助、保育、送迎等をいう（**図表39**）。

⑤　がん経験者向け入院保障保険（MICIN 少短[19]）

　がん経験者向けの入院保険で被保険者になれる方は責任開始日（契約日）時点で満20歳から満79歳で、過去に悪性新生物、上皮内新生物、または子宮頚部異形成のいずれかにり患し、診断確定日から所定の期間を経過した方である。所定の期間はステージやあるいは再発の有無などで定められており、ステージ 0 で 6 か月、再発・転移した場合で60か月などと定められている。がんのり患者のみを対象とする医療保険という特色がある。

（i）**契約プラン**

　契約プランは入院日額5000円プランと 1 万円プランがあり、それぞれ最低保障日数が、なし、5 日、10日の 3 つから選択できる。たとえば5000円プランで 2 日入院した場合は、支払保険給付金は最低保障がなしのタイプでは 1 万円（5000円×2 日）、最低保障 5 日タイプで 2 万5000円（5000円×5 日）、最低保障10日タイプで 5 万円（5000円×10日）となる。

（ii）**給　付　金**

　給付金には、まず責任開始日以降に発病した病気で 1 日以上入院した場合と、責任開始日前に診断確定されたがんで、責任開始日以後に医師により入院治療が必要と判断された場合に支払われる疾病入院給付金がある。これらの場合であって 1 日以上入院した場合に疾病入院給付金が支払われるが、がん治療

19）https://micin-insurance.jp/　参照。

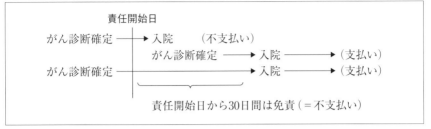

図表40　がん経験者向け入院保障保険

出典：MICIN 少短 HP より著者作成。

での入院については責任開始日から30日間は免責（＝支払対象外）となっている（図表40）。

　もう1つの給付金は責任開始日以後に発生した不慮の事故による傷害（けが）の治療を目的として、その事故の日から180日以内の保険期間中に被保険者が1日以上の入院をしたときに災害入院給付金が支払われる。

(iii)　支払限度

　疾病入院給付金も災害入院給付金も入院1回の支払限度日数はそれぞれ30日で、一保険期間中の支払限度額は疾病入院給付金と災害入院給付金を合計して80万円となっている。また、更新により継続された保険期間の通算では疾病入院給付金、災害入院給付金の支払上限日数は360日となっている。

⑥　歯周病保障付糖尿病有病者向け医療保険（あんしん少短[20]）

　本商品は医療保険の一種であるが、糖尿病有病者向けであることと歯周病手術給付金を支払う点に特色がある。

(i)　入院給付金

　入院給付金はまず糖尿病または糖尿病に起因する疾病により被保険者が入院したときに支払われるが、この場合は責任開始期以後の発症であることを要さない（＝契約前に発症していても支払われる）。そのほかの疾病による入院については契約日（責任開始日）以降に発病し、その疾病により保険期間満了の日

20）https://ansin-ssi.com/customer/excelaid/　参照。

図表41　入院給付金の支払可否

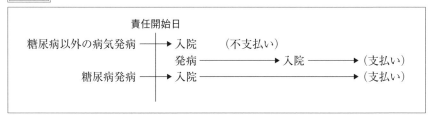

出典：あんしん少短HPより著者作成。

までに入院したときに支払われる（**図表41**）。

　また、被保険者が契約日（責任開始日）以後に生じた事故による傷害により、保険期間満了の日までに入院を開始したときに入院給付金を支払う。ただし、保険契約について当会社が承諾できない内容の場合に支払いは行われない。

　もう1つ特徴的なのは医師の指示による治療を目的として被保険者が検査入院、教育入院をしたときにも入院給付金が支払われることである。入院給付金額は一日当たり5000円で、一入院、一疾病当たり60日分が上限となっている。

(ii)　**手術給付金**

　入院給付金はまず糖尿病または糖尿病に起因する疾病により被保険者が手術を受けたときに支払われるが、この場合は責任開始期以後の発症であることを要さない（＝契約前に発症していても支払われる）。そのほかの疾病による手術については契約日（責任開始日）以降に発病し、その疾病により保険期間中に手術したときに支払われる。

　また、被保険者が契約日（責任開始日）以後に生じた事故による傷害により、保険期間満了の日までに手術を受けたときに手術給付金を支払う。ただし、保険契約について当会社が承諾できない内容の場合に支払いは行われない。

　手術給付金額は入院中の手術の場合は入院日額（5000円）の10倍（＝5万円）、入院中でない手術の場合は入院日額の5倍（＝2万5000円）である。

　本商品の特徴として歯周病手術給付金がある。歯周病による手術は入院給付金額（5000円）の5倍（2万5000円）である。保険期間中最初の歯周病手術から120日以内の2度目の手術は1回目とあわせて1回の手術と見なされる。また一保険期間中の歯周病手術給付金は2回を上限とする。

(iii)　通院給付金および歯周病通院給付金

以下の場合に支払われる。

・主契約の支払事由に該当する入院の退院後に通院による治療が必要と医師に診断された場合
・はじめて糖尿病と医師に診断され、通院による治療が必要と医師に診断された場合
・インスリンポンプの装着または取換えのために、通院による治療が必要と医師に診断された場合
・糖尿病に起因する新たな疾病を併発し、通院による治療が必要と医師に診断された場合
・歯周病について、通院による治療が必要と歯科医師に診断された場合

　支払金額は通院日額2000円で10日が上限となっている。伝統的な通院特約は入院後に通院をしたときに支払われるものが多いのに対して、本商品では入院を要件としない通院も保障対象としている点に特徴がある。

4 ｜ ペット保険

(1)　総　　論

①　ペット保険の歴史

　ペット保険は1924年にスウェーデンで販売された犬保険が最初で、その後ヨーロッパ全域に普及したとされる[21]。日本では1990年代後半から販売が開始され当初は損害保険会社が取り扱っていた。

　現在でもペット保険大手は損害保険会社—アニコム損害保険、アイペット損害保険、楽天損害保険など—が存在感を示しているが、少額短期保険業でも9社がペット保険を取り扱っている。

②　付保の対象

(i)　保険の目的となるペット

　一般的には家庭で飼養する愛玩用の犬または猫、ならびに身体障害者補助法に定める盲導犬、介助犬、および聴導犬を指す。多くの保険では犬または猫のみを保険の目的（被保険動物）とするが、鳥類、小動物、爬虫類を対象とする保険もある。ペット保険では事業を目的に飼育または販売される犬や猫等は付保対象とならない。

　加入にあたっては告知が必要である。現にがん、糖尿病、甲状腺疾患、心疾患、尿路結石などにり患している場合などにあっては、加入できないことがある。

　保険契約は少額短期保険業者が承諾をしてから責任が開始される。ただし、補償が開始される待ち期間が設定されているものがあり、補償開始後1か月は保険金支払いの対象とならないとする保険がある（下記(3)も参照）。

21）弓達隆章「共生社会におけるペットと保険の現状と将来」保険研究70巻（2018）88頁参照。

⑾　**傷害と疾病**

入院（費用）保険金等が支払われる原因は保険の目的である犬・猫等が傷害または疾病により入院等を行った場合に支払われる。

傷害とは被保険動物が急激かつ偶然な外来の事故によって被った身体の損傷をいう。また、身体外部から有毒ガスまたは有害物質を偶然かつ一時に吸入、吸収したときに急激に生ずる中毒症状（継続的に吸入、吸収または摂取した結果生ずる中毒症状を除く）および細菌性食中毒を含む。

疾病とは獣医学の水準から判断して被保険動物の身体が健康体でないと獣医師により診断される被保険動物の状態で、傷害以外の場合をいう。

なお、一般にペット保険では日本国内での疾病または傷害を補償する。

⑿　**責任開始日**

補償が開始される責任開始日の定め方はさまざまである。たとえば申込書が少額短期保険業者またはその代理店に到達した日（インターネット申込みの場合は申込完了日）の翌々月1日午前0時とするものがある（例としてペットメディカルサポート[22]）（図表42）。

また、保険契約申込書、告知書、保険料の決済方法、体毛など保険の申込みに必要な書類（内容が完備した書類をいう）すべてが少額短期保険業者に届いた日から31日目の午前0時に保険責任が開始するとするものがある（例としてSBIプリズム少短[23]）。なお、SBIプリズム少短では新規契約の場合、がんは補償開始日から45日の待期期間がある（図表43（次頁））。

| 図表42 | 責任開始日（ペットメディカルサポートの例） |

出典：ペットメディカルサポートHPより著者作成。

22）https://pshoken.co.jp/manual/pdf/PS_jyusetu20230110.pdf　参照。

23）https://www.sbiprism.co.jp/pdf/new_important.pdf　参照。

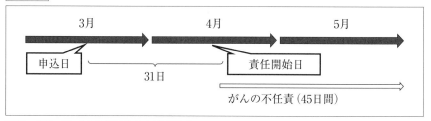

出典：SBIプリズム少短HPより著者作成。

(2)　支払われる保険金

　以下ではペット保険で支払われるさまざまな保険金（給付金）を解説する。なお、会社によって取扱いが異なり、また下記の一部の給付自体を行っていないなど事情が異なるので加入時には加入しようとするペット保険の重要事項説明書等をよく確認することが重要である。

①　入院（費用）保険金

　ペットが入院した際の1日ごとの入院治療費実費について入院補償限度日額を限度に支払われる。入院補償限度日額は保険によって異なるが、1万〜1万5000円程度である。この限度額がない保険もあるが、この場合、一保険年度の入院保険金の総額またはすべての保険金の総支払額に上限がある。

　日額当たりで支払われる入院給付金が実費であるのは、人間の医療保険があらかじめ定められた定額の入院給付金が一般的であることと大きく異なっている。これは、ペットには公的な医療保険がなく、入院にかかる費用全体が飼い主の負担になることがその理由である。人間の入院では公的医療保険でカバーされない部分や差額ベッド代、家族の交通費などに利用されるが、ペットの医療保険では医療費そのものに充当される。

　支払われる保険金は実費であるが、保険によっては(i)実費の70％や50％を補償するプランを提供するものがある。また、(ii)控除額が設定されている保険もある（＝実費から控除額を差し引いた金額を保険金として支払い）。

　また、支払いの対象となる入院日の総日数は、保険期間中通算で入院補償限

図表44 入院保険金の給付上限

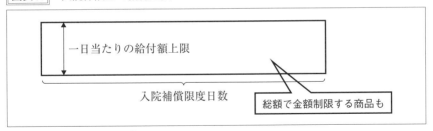

出典：各社約款より著者作成。

度日数が限度となる。入院補償限度日数は保険によって異なるが20～30日の間のものが多い。日数制限がない保険もあるが、この場合一保険契約期間中の総額（たとえば60万円）が定められている（**図表44**）。

②　通院（費用）保険金

　ペットが通院した際の１日ごとの通院治療実費について、通院補償限度日額を限度に支払う。通院補償限度日額は保険によって異なるが、１万～１万5000円程度である。この限度額がない保険もあるが、この場合、一保険年度の通院保険金の総額またはすべての保険期間を通じた保険金の総支払額に上限がある。通院保険金も人間の医療保険の通院給付金とは異なり、実費である。理由は入院保険金で述べたところと同じである。

　通院はあくまでペットが実際に動物病院に行って獣医師により治療を受けることを意味する。飼い主だけが動物病院に行って薬剤を受け取ることなどは含まれない。支払いの対象となる通院日の総日数は保険期間中通算で通院補償限度日数が限度となる。通院補償限度日数は保険によって異なるが20～30日の間のものが多い。日数制限がない保険もあるが、この場合一保険契約期間中の総額（たとえば30万円）が定められている。

③　手術（費用）保険金

　ペットが手術を受けた当日の施術にかかわる実費を、手術保険金限度額を限度に支払うものが多い。手術保険金限度額は10万～15万円の間のものが多い。

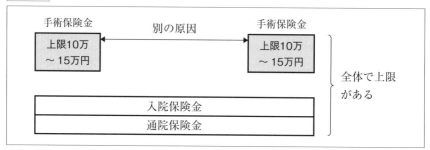

図表45　手術（費用）保険金

出典：図表44と同じ。

　一回当たりの手術保険金限度額がない保険もあるが、手術保険金通計額での上限があるか、すべての保険金の合計額に上限がある。
　また手術保険金の支払回数は保険期間中で1～3回という制限があるものが多い。なお、複数回の手術保険金を支払う保険においては、1回目の手術の原因と同一の原因である場合は支払われない（図表45）。

④　がん手術（費用）保険金
　保険商品の中にはがんによる手術を受けた場合の実費を、がん手術保険金額として支払うものがある。この場合において支払回数が定められているものは、上記③の手術保険金と通算して上限回数が計算される。具体的に、上限2回の場合、がん手術1回、通常の手術1回で上限に達する。

⑤　葬祭保険金
　被保険動物がけが・疾病により死亡した際、火葬、埋葬、供養のための位牌、メモリアルプレート、棺桶代、葬儀用祭壇のレンタル費用などの実費を、葬祭保険金額を上限に支払う。被保険動物が保険期間中に死亡した場合に保険金が支払われる。ただし、死亡の原因となった身体障害が保険期間開始より前であるときは、保険金は支払われない。

⑥　高度後遺障害保険金（QOL 維持費用担保特約[24] の例）

被保険動物が保険期間中に障害を被り、四肢のうちいずれかにおいて中手骨（前足）または中足骨（後ろ足）より心臓に近い部分から欠損し、高度後遺障害が確定した日から90日以内かつ保険期間内に被保険動物用車いすなどの移動補助器具を購入した場合、その購入実費を、高度後遺障害保険金額を限度として支払う。

⑦　診断書費用保険金

被保険者が各種保険金を請求するにあたり提出された診断書を作成する費用を保険金として支払う。

(3)　保険金を支払わない場合

以下の場合には保険金は支払われない。これも少額短期保険業者によって異なるので確認が必要である。

①　責任開始日前にすでに発生していた疾病、責任開始日前に被った傷害
②　遺伝性疾患、先天性異常
③　狂犬病などワクチン等の予防措置により予防できる病気（ただし、その予防措置の有効期間内に当該病気を発病した場合を除く）
④　予防目的の診療費やワクチン接種費用、その他の検査、投薬
⑤　けがまたは疾病に当たらないもの　健康体に施す外科手術その他の医療、検査処置およびそれらの処置によって生じた身体障害。不妊手術や去勢手術、声帯の除去、妊娠・出産もここに含まれる。
⑥　健康診断、漢方、鍼灸、温泉療法、酸素療法、免疫療法等
⑦　診療に当たらないもの　これには(i)食物。サプリメント、ビタミン剤等、医薬品以外の漢方薬、(ii)シャンプーを含む入浴費用、医薬品を除くイヤークリーナー費用、(iii)医薬部外品の費用、(iv)ペットの移送費を含む。
⑧　地震、噴火またはこれらによる津波によるもの
⑨　核燃料物質もしくは核燃料物質によって汚染された物質の放射性、爆発

24）ペットメディカルサポート

　https://pshoken.co.jp/manual/pdf/PS_jyusetu20230110.pdf　参照。

> 性などの有害な特性によって生じたけがまたは病気
> ⑩　保険契約者または被保険者の故意、重大な過失によるもの

(4)　契約の取扱い

　新規契約の加入は一定の年齢範囲である必要がある（たとえば犬・猫の場合、生後60日以降、8歳未満など）。更新契約は更新年齢に上限がある会社もあるほか、終身更新できる少額短期保険業者もある。

　契約の更新にあたっては少額短期保険業者から2〜3月前に更新通知が送付される。特段の意思表示がないと自動的に更新される仕組みになっている。

　保険料は年齢とともに上昇する（3歳ごとに上昇する少額短期保険業者もある）ため、上昇した保険料で継続することになるので注意が必要である。

5 | 費用・その他保険

(1) 総　論

　費用・その他保険は本章でこれまで述べてきた保険と性格を異にする商品である。以下では、スマホ保険、弁護士費用保険、キャンセル保険などについて解説を行う。

(2) 通信端末修理費用補償保険

① モバイル保険（さくら少短[25]の例）

(i) 補償端末

　1人の被保険者が保有する通信端末の修理費用または修理不能の場合の損害を補償する商品である。1台を主たる補償端末（主端末）として、そのほか2台の端末まで補償することができる（副端末）。

　補償の端末とするには以下の2条件を満たす必要がある。

> イ）正常に全機能が動作するもの
> ロ）登録時において以下のいずれかの条件を満たすもの
> 　・新規取得した日から1年未満
> 　・新規取得した日から1年以上であってもメーカーまたは通信キャリアが
> 　　提供する有償の補償サービスに加入しており、かつ当該サービスにより
> 　　補償が受けられる状態

　なお、知人から譲渡された端末などは補償対象外となる。

(ii) 保険金額

　1保険年度ですべての給付を合計して最大10万円の補償が受けられる。個別の保険金は以下のとおりである（図表46(次頁)）。

(iii) 責任開始日

　本商品の申込みは同社のWebサイトへの所定事項の入力によって行う。保

---

25) https://mobile-hoken.com/　参照。

　保険金額（さくら少短の例）

対象端末	保険金額（各場合での支払上限額）	
	修理可能の場合	修理不能・盗難
主 端 末 （必須 1 台）	最大100,000円	最大25,000円
副 端 末 （最大 2 台）	最大30,000円 （2 台合計）	最大7,000円

出典：さくら少短 HP より著者作成。

険料の支払いはクレジットカードや口座振替えなどの手段が用意されている。たとえばクレジットカードを利用したときは、オーソリゼーション取得日を第1回保険料支払日として認めることとされている。同社が契約を承諾した場合は第1回保険料支払日が責任開始日となる。

　保険期間は 1 年間で保険期間満了日の 2 か月前までにマイページで継続案内を送ることとなっている。保険契約者から特段の意思表示がない場合は、前契約と同一条件で保険期間満了日の翌日に継続されることとなる。

(3)　弁護士費用保険

①　弁護士保険ミカタ・家族の保険ミカタ（ミカタ少短[26]）

(i)　保険商品

　被保険者が原因事故に関して弁護士等に法律相談をし、法律相談料を負担することになった場合に支払われる法律相談料保険金と、被保険者が原因事故の解決のため弁護士等委任契約に基づき、弁護士費用等を負担することとなった場合に支払われる弁護士費用等保険金がある。

　弁護士保険ミカタでは、被保険者は通常は保険契約者自身であるが、三親等以内の親族を被保険者とすることもできる。家族のミカタでは特約契約をつけることで契約者（たとえば夫）だけでなく、家族（たとえば妻や子）を被保険者とすることができる。

---

26) https://mikata-ins.co.jp/　参照。

　原因事故とは被保険者の法的請求の根拠となる具体的な事実、または他人から受けた被保険者の権利・利益を侵害する法的請求・通知等をいう。具体的には交通事故が発生し、相手方に損害賠償を求める場合や、相手方から損害賠償請求を求められる場合における、その発生した事故をいう。

　本商品では原因事故を、特定偶発事故と一般事件に分類している。特定偶発事故とは「急激かつ偶然な外来の事故により、被保険者またはトラブルの相手方に、身体の障害または財物の損壊が生ずること」をいう。一般事件とは支払いの対象となる法的トラブルのうち、特定偶発事故に該当しないものをいう。特定偶発事故の例としては自動車事故がある一方、一般事件とはたとえば土地境界についてのトラブルのようなものを指すのであろう。

（ii）**保険給付**

　イ）法律相談料保険金

　責任開始日以降に発生した原因事故により発生した法律相談に要した費用を支払う。ただし、一般事件は責任開始日より3か月の待期期間に原因事件が発生しても保険金は支払われない。特定偶発事故は予見できないのに対して、一般事件では紛争の発生にある程度の予測がつくために免責としているのだろう。また、離婚等のトラブルに対しては1年の不担保期間が設定されている。法律相談料保険金の上限額は同一の原因事件につき2万2000円、同一の保険期間においては10万円となっている。

　ロ）弁護士費用等保険金

　弁護士費用等保険金は**図表47**（次頁）のとおり支払われる。

　基準弁護士費用は約款別表に定められており、紛争利益の金額により定められている。たとえば300万円の紛争であれば着手金はその8％（24万円）、報酬金は16％（48万円）とされている。なお、一般事件に関する待期期間は法律相談料保険金の場合と同様である。

　弁護士費用等保険金の上限額は同一原因の争訟について、特定偶発事故は300万円、一般事件で200万円である。

　イ）とロ）をあわせた支払上限額は一保険期間内で500万円、通算で1000万円となっている。

| 図表47 | 弁護士費用等保険金（ミカタ少短の例） |

弁護士費用等保険金		特定偶発事故	一般事件
	着　手　金	基準弁護士費用	基準弁護士費用×80〜90％
	手　数　料		
	報　酬　金		基準弁護士費用×50〜90％
	日　　　当		
	実　費　等	実費相当額	実費相当額×50〜90％
	時間制報酬	弁護士が受任した事件の事務処理に実際に要した時間×2万円＋消費税	基準弁護士費用×80〜90％

出典：ミカタ少短HPより著者作成。

②　診療所向け法律相談保険（あおぞら少短[27]の例）

　医療法に規定される診療所（クリニック）向けの保険で、責任開始日以後に問題事象が生じたことにより弁護士相談を行ったため法律相談料を支払った損害に対して法律相談料保険金を支払う。問題事象とは「被保険者（＝クリニックの管理者）の管理の下で、医師、歯科医師、薬剤師、看護師その他の医療の担い手が、医療の提供状況について適切な説明を行い、医療を受ける者の理解を得るために法律の専門家である弁護士の助言を必要としている状態」を指す。法律相談費用のみを補償し、実際の訴訟費用は補償範囲外である。

　責任開始日は申込みについて同社が承諾をし、第1回保険料が支払われた日の属する月の翌月1日である。支払限度額は一問題事象につき1000万円、かつ一保険期間中および通算の支払限度も1000万円である。

③　その他の法律費用保険

その他の法律費用保険としては、以下がある。

・弁護士保険コモン＋（エール少短）

27）https://assi.co.jp/

> ・弁護士費用保険（ジャパン少短）　など

⑷　キャンセル保険

①　チケットガード等（AWP チケットガード少短[28]）

（i）　Peach チケットガード（旅行キャンセル費用補償保険（搭乗等））

AWP 少短は、Peach aviation 株式会社と提携しており、Peach のチケットを購入する、または購入済みの顧客向けに「Peach チケットガード」を販売している。これは、急な病気やけが、突然の宿泊出張命令、交通機関の遅延などにより飛行機への搭乗ができなかった場合に、払戻しを受けられない取消料や違約料等を補償する保険である（支払事由は**図表48**）。

（ii）　チケットぴあチケットガード（不使用チケット費用補償保険）

チケットガードは、急な病気やけが、突然の出張命令、交通機関の遅延などでコンサートなどのイベントを観覧できなかった場合にチケット代金を補償する保険である（チケットが利用できなかったときに支払対象となる事由は**図表48**と同じ）。

（iii）　宿泊キャンセル保険（旅行キャンセル費用補償保険（宿泊等））

宿泊キャンセル保険（旅行キャンセル費用補償保険）は、同様に予約した宿泊

| 図表48 | 搭乗できなかったときに支払対象となる事由 |

| --- |
| ①　記名被保険者の病気・けがによる入院・通院 |
| ②　家族の病気・けがによる入院・通院 |
| ③　記名被保険者または親族の死亡 |
| ④　当日の交通機関の運休・遅延 |
| ⑤　火災・災害による家屋損壊等 |
| ⑥　裁判員に選任された場合 |
| ⑦　急な出張 |
| ⑧　同じ保険契約での同伴者の上記①〜⑦の事由 |

出典：AWP チケットガード少短 HP より著者作成。

28）https://www.ticketguard.jp/　参照。

図表49	払戻しが受けられなかったときに支払対象となる事由

① 記名被保険者の病気・けがによる入院・通院

② 家族の病気・けがによる入院・通院

③ 記名被保険者または親族の死亡

④ 当日の交通機関の運休・遅延

⑤ 火災・災害による家屋損壊等

⑥ 裁判員に選任された場合

出典：AWPチケットガード少短HPより著者作成。

施設にチェックインできず、宿泊施設が不使用となった場合に発生するキャンセル料を補償する保険である（宿泊施設が利用できなかったときに支払対象となる事由は**図表48**と同じ）。

(iv)　**トリップキャンセル（旅行キャンセル費用補償保険（企画旅行等））**

トリップキャンセル（旅行キャンセル費用補償保険（企画旅行等））は、やむを得ない所定の理由で旅行最初の搭乗を中止した場合に、キャンセル費用（取消料、違約料等）として旅行業者、航空会社等から払戻しを受けられない費用を補償する保険である（払戻しが受けられなかったときに支払対象となる事由は**図表49**）。

② 　**ブライダル総合保険（ダブルエー少短[29]）**

(i)　**ブライダル総合保険**

ブライダル総合保険は、入院や自然災害等により結婚式を中止した場合の費用補償を中心に、結婚式当日における会場や衣装の修理費用、新郎新婦が入院した場合や招待客が緊急搬送された場合の補償が1つになった、結婚式を行う新郎新婦のための保険である。

(ii)　**結婚式中止費用保険金**

図表50の事情を直接の原因として結婚式を中止・延期した場合において結婚式中止費用を負担したことによって被った損害に対して結婚式中止費用保険

---

29) https://www.aa-ssi.co.jp/　参照。

| 図表50 | 補償対象となる事由 |

① 被保険者や被保険者の父母等が死亡した場合
② 被保険者または被保険者の父母等が入院を開始した場合
③ 結婚式当日に被保険者が入院中であった場合等
④ 火災等により被保険者の住居が半壊以上の損害を受けた場合等

出典：ダブルエー少短HPより著者作成。以下、図表52まで同じ。

| 図表51 | 支払対象となる中止費用の範囲（概要） |

① 事業者との結婚式サービス契約に基づくサービス
② 上記以外で書面によって契約が締結された下記のサービス
　(ⅰ) 被保険者本人が着用する衣装または装飾品に基づくサービス
　(ⅱ) 会場装飾花に基づくサービス
　(ⅲ) 司会、撮影、演奏、エンターテインメントに基づくサービス

金を支払う。

　結婚式中止費用とは、結婚式に関し業として有償で提供されるサービスについて、結婚式を中止したことによって、取消料、違約料その他の名目において全部または一部の払戻しを受けられない費用または支払いを要する**図表51**に掲げる費用をいう。

　(ⅲ)　**支払われる保険金**

　支払われる保険金額の表（一部）は、**図表52**（次頁）のとおりである。

　(ⅳ)　**その他の保険金**

　その他の保険金としては、以下がある。

・結婚式会場または貸衣装に損害が生じた場合の修理費用を補てんする修理費用保険金
・新郎新婦が結婚式開催日に入院したときに支払われる新郎新婦入院一時金
・招待客が結婚式開催日に結婚式会場から緊急搬送された場合に支払われる招待客緊急搬送見舞費用保険金

| 図表52 | 支払われる保険金額（一部抜粋） |

当日	保険金額×100％
前日	保険金額×95％
10日前から2日前	保険金額×90％
20日前から11日前	保険金額×85％
30日前から21日前	保険金額×80％　（以下省略）

| 図表53 | 支払われる保険金額 |

保　険　金	限 度 額
①　ストーカー警護費用保険金	240万円
②　モバイルセキュリティ費用保険金	6万円
③　ストーカー対策費用保険金等	20万円
④　一時避難費用保険金	1泊1万円
⑤　引越費用保険金	40万円

出典：あそしあ少短HPより著者作成。

(5)　ストーカー対策総合保険「and ME」（あそしあ少短[30]）

　ストーカー被害者が所轄警察署にストーカー被害の相談をし、当該ストーカーに「警告（口頭によるものを除く）」または「禁止命令等」が発令された場合に、**図表53**記載の保険金を支払う保険契約である。

(6)　ネットあんしん保険（ジェイコム少短）

①　ネットあんしん保険（ジェイコム少短[31]）

　この保険は、パソコン・スマホ等（対象機器）に記録されたデータの復旧費用とインターネットを通じて生じたトラブル解決のための法律相談費用、弁護士費用またはそのトラブルによって賠償責任を負った場合を補償する保険となっている。

30）https://www.associa-insurance.com/product/andme.html　参照。

31）https://www.jcom-ssi.co.jp/net_ansin/　参照。

図表54	支払内容と金額の概要	

データ復旧費用保険金	データ復旧費用の額	1事故6万円、3事故まで
法律相談費用保険金	法律相談費用の額	1事故10万円、3事故まで
弁護士費用保険金	弁護士費用の額×70%	1事故100万円、3事故まで
賠償責任保険金	賠償金・付帯費用の額	1事故100万円、3事故まで

出典：ジェイコム少短HPより著者作成。

②　支払われる保険金

以下の場合に保険金が、支払われる（**図表54**）。

> ・データ復旧費用保険金　対象機器に生じた不測かつ突発的な事故により、対象機器に記録された電磁的データが消失または損傷した場合に被保険者がその復旧のためにデータ復旧費用を負担したとき
>
> ・法律相談費用保険金　ネットトラブルに起因して被保険者が相談事案に直面した場合に、被保険者がその解決のために法律相談を弁護士に行い、法律相談費用を負担したとき
>
> ・弁護士費用保険金　ネットトラブルに起因して被保険者が被害事案に直面した場合に、被保険者がその損害賠償請求または差止請求について弁護士と弁護士委任契約を締結し、弁護士費用等を負担したとき
>
> ・賠償責任保険金　ネットトラブルに起因して被保険者が他人から受けた法律上の損害賠償請求の解決について弁護士と弁護士委任契約を締結し、かつ他人に対して法律上の損害賠償責任を負担したとき

第4章
グループ会社としての少額短期保険業者

　近時、生命保険会社、損害保険会社あるいは保険持株会社が、少額短期保険業者を買収して子会社化することや、新たに少額短期保険業者を設立して子会社化することが増えている。これは①親会社である保険会社等ではレガシーシステムを保有していることから、新商品を販売するためのシステム構築に時間がかかるが、時代に合った商品を機動的に提供したい、②業務運営に人的コストを要しないICT技術を利用した商品を提供したい、③販売規模はそれほど大きく期待できないが、ニッチな消費者ニーズに対応する商品を提供したい、といった目的があるものと思われる。

　そこで、第4章では、まず少額短期保険業者の株主（少額短期保険持株会社含む）に関する規制を概観した後、保険会社グループの子会社としての少額短期保険業者の商品やその位置付けについて見ていくこととする。

1 保険会社のグループ会社としての少額短期保険業者に係る規制

(1)　親会社である保険会社または保険持株会社

　保険会社（法2条2項）および保険持株会社（同条16項）はいずれも少額短期保険業者を子会社として保有することができる（法106条1項2号の2、法271条の22第1項2号の2）。

　保険会社が少額短期保険業者を子会社として保有する場合には、内閣総理大臣の認可が必要である（法106条4項）。少額短期保険業者を子会社として設立するには設立について登録が必要であるが、それとは別途認可が必要となる。また、保険持株会社が少額短期保険業者を子会社として保有する場合は届出が必要となる（法271条の22柱書）。

　他方、少額短期保険業者にあっては主要株主への規制、少額短期保険持株会社への規制がある。保険会社が少額短期保険業者を子会社として保有する場合には主要株主規制が課されることとなる。保険持株会社[1]の要件を満たす会社が少額短期保険業者を子会社として保有する場合には少額短期保険持株会社としても規制を受ける。

(2)　少額短期保険主要株主

①　少額短期保険業者主要株主

　主要株主基準値とは、20%の議決権、または役員の兼任等があるなど財務および営業または事業の方針の決定に対して重要な影響を与えることが推測される事実がある場合には15%の議決権をいう（法2条13項）とされている。少額短期保険業者の主要株主基準値以上の議決権の保有者になろうとする者、あるいは主要株主基準値以上の数の議決権を有する会社等を少額短期保険業者とし

1）持株会社とは私的独占の禁止及び公正取引の確保に関する法律9条4項1号に規定する持株会社を指す（法2条16項）。要約していえば、子会社株式を保有して主として経営管理を行う会社である。

| 図表1 | 少額短期保険主要株主となるための承認申請書記載事項 |

① 議決権保有割合に関する事項、取得資金に関する事項、保有目的その他の少額
　　短期
② 商号
③ 資本金の額
④ 取締役および監査役（監査等委員会設置会社にあっては取締役、指名委員会等
　　設置会社にあっては取締役および執行役）の氏名
⑤ 本店その他営業所の名称および所在地

て登録しようとする者等は、あらかじめ内閣総理大臣の承認を受けなければな
らない（法272条の31第1項、令38条の12）。**第2章**でも述べたが、少額短期保
険業者に対する監督権限は法文上、内閣総理大臣となっていても、実際の権限
は金融庁長官に委任、さらに財務局長等へ再委任される。また一部の権限は金
融庁長官が自ら行うことを妨げないとされる（令48条6項・7項）。以下も同様
である。本章でも条文に記載されているとおり（内閣総理大臣、金融庁長官な
ど）そのままに表記する。

　承認申請書には**図表1**の事項を記載しなければならない（法272条の32第1
項）。

　保険会社の主要株主になろうとする場合には認可となっているものが、少額
短期保険主要株主については承認となっている。これは少額短期保険業者を設
立すること自体が認可ではなく登録にとどまっているためである。なお、少額
短期保険主要株主となろうとする者等が国・地方公共団体等である場合、およ
び議決権を取得して少額短期保険持株会社になろうとする会社、または少額短
期保険持株会社を設立しようとする者はこの承認を受ける必要はない（法272
条の31第1項かっこ書）。

②　担保権の実行による議決権の取得

　担保権の実行による議決権の取得など、能動的に少額短期保険主要株主に
なった場合ではないときには、承認を得る必要はない（法272条の31第1項1号
かっこ書）が、担保権の実行等の日の属する事業年度終了の日から、1年の猶

予期間中に主要株主基準に抵触しないような措置を講ずる必要がある（同条2項）。ただし、内閣総理大臣の承認を受けることにより、この猶予期間を経過しても保有することができる（同項但書、特定少額短期主要株主）。

　担保権の実行による議決権の取得等により少額短期保険主要株主になったが、猶予期間内に主要株主基準未満とすることができなかった者等に対して、内閣総理大臣は議決権の処分等の措置を命ずることができる（法272条の31第4項）。

③　少額短期保険主要株主の承認

　内閣総理大臣は主要株主となろうとする者等からの承認申請、あるいは特定少額短期主要株主から猶予期間後の議決権保有の承認申請を受けた場合に、以下などの基準に照らして審査を行う（法272条の33第1項）。これら基準に該当しなければ承認を行わなければならない（同項）。

> イ）取得資金等に関する事項・保有目的等に照らして、少額短期保険業者の業務の健全かつ適切な運営を損なうおそれがあること
>
> ロ）申請者の財産および収支の状況に照らして少額短期保険業者の業務の健全かつ適切な運営を損なうおそれがあること
>
> ハ）法人である場合には保険業法等で免許等を取り消され5年を経過していない者等であること

　少額短期保険業者の主要株主基準値以上の議決権保有者となる承認を受けた者、主要株主基準値以上の議決権を保有することとなる少額短期保険業者の設立について承認を受け、当該少額短期保険業者が設立された者、または担保権の実行等により少額短期保険業者の主要株主基準値以上の議決権を取得等し、猶予期間経過後も継続して保有することについて承認を受けた者は、少額短期保険主要株主となる（法272条の34第1項）。

④　少額短期保険主要株主への監督

　少額短期保険主要株主に対して、内閣総理大臣は少額短期保険業者の業務の健全かつ適切な運営を確保し、保険契約者の保護を図るため、報告および資料の提出を求めることができる（法272条の34で準用する法271条の12、以下法272条

の34で準用することを単に準用するという）。また、必要に応じて少額短期保険主要株主の事業所等への立入り、質問や物件の検査を行うことができる（準用する法271条の13）。

　内閣総理大臣は少額短期保険主要株主が承認審査基準に照らして不適合となったときには、当該基準に適合するために必要な措置を命ずることができる（準用する法271条の14）。

④　届出事項

　少額短期保険主要株主の届出事項（法272条の42第1項）は、**図表2**のとおりである。

　そのほか、認可後6月以内に議決権を取得しない場合等の承認の失効（法272条の43）が定められている。

| 図表2 | 少額短期保険主要株主の届出事項 |

(i)　承認を受けて少額短期保険主要株主になったとき、または承認にかかる少額短期保険主要株主として設立されたとき

(ii)　承認申請時に申請した事項（法272条の32第1項各号）に変更があったとき（議決権保有割合に変更があったときを除く）

(iii)　少額短期保険業者の総株主の議決権の100分の50を超える議決権の保有者となったとき

(iv)　少額短期保険業者の主要株主基準値以上の議決権の保有者でなくなったとき（(vi)の場合を除く）

(v)　少額短期保険業者の総株主の議決権の100分の50を超える議決権の保有者でなくなったとき（(iv)(vi)の場合を除く）

(vi)　解散したとき（設立、株式移転、合併（合併により主要株主基準値以上の議決権を保有する法人を設立する場合に限る）、または新設分割を無効とする判決が確定したときを含む）

(vii)　その総株主の議決権の100分の50を超える議決権が一の株主により取得または保有されることとなったとき

(viii)　その他規211条の86第1項で定める場合——定款またはこれに準ずる定めを変更した場合、名称・住所等を変更した場合

(3)　少額短期保険持株会社

①　少額短期保険持株会社となろうとする者への承認

　議決権の取得や、その子会社となる少額短期保険業者の設立登記によって、少額短期保険業者を子会社とする持株会社になろうとする会社、または少額短期保険業者を子会社とする少額短期保険持株会社の設立をしようとする者はあらかじめ内閣総理大臣の承認を必要とする（法272条の35第１項）。

　また、担保権の実行等の事由に基づく議決権の取得により少額短期保険業者の持株会社となった会社はこの承認を必要としない（法272条の35第１項１号かっこ書）が、持株会社となった事由が生じた日の属する事業年度終了後３月以内に、その旨等を内閣総理大臣に届出を行う必要がある（同条２項）。また、その事由の生じた事業年度終了後１年経過日である猶予期限日までに少額短期保険業者の持株会社でなくなるように措置を講じる必要がある（同条３項）。猶予期間後も引き続き持株会社であることについて承認を受けた場合は議決権を引き続き保有することができる（同項但書）。

　少額短期保険持株会社になろうとする者は、**図表３**の事項を記載した承認申請書を内閣総理大臣に提出する（法272条の36）。

　この承認申請書には定款、貸借対照表、損益計算書、法272条の33第１項１号ハに掲げる欠格事由に該当しないことを誓約する書面その他規則で定める書類を添付する必要がある（法272条の36第２項）。

　内閣総理大臣は少額短期保険持株会社となるための承認申請があった場合、および特定少額短期持株会社から猶予期間後も持株会社であることについて申

図表３　少額短期保険持株会社の承認申請書記載事項
（ⅰ）　議決権保有割合に関する事項、取得資金に関する事項、保有目的その他の少額短期保険業者の議決権の保有に関する重要な事項として規則で定める事項
（ⅱ）　商号
（ⅲ）　資本金の額
（ⅳ）　取締役および監査役（監査等委員会設置会社にあっては取締役、指名委員会等設置会社にあっては取締役および執行役）の氏名
（ⅴ）　本店その他営業所の名称および所在地

請があった場合には、以下について審査する（法272条の37第1項）。これらに
該当しない場合は承認を行わなければならない（同項）。

> イ）申請会社およびその子会社の財産および収支に照らして、子会社であり、
> 　または子会社となる少額短期保険会社の業務の健全かつ適切な運営を損な
> 　うおそれがあること
> ロ）申請者等が人的構成に照らして子会社であり、または子会社となる少額
> 　短期保険会社の経営管理を的確かつ公正に遂行できる知識および経験を有
> 　しない者であること
> ハ）申請者が法272条の33第1項1号ハに規定する欠格事由に該当する者であ
> 　ること
> ニ）申請会社の子会社の業務が法272条の39第3項各号に定める不適格事由の
> 　いずれかに該当するものであること

　また、少額短期保険持株会社は株式会社であって、監査役会設置会社、監査
等委員会設置会社、または指名委員会等設置会社のいずれかであって、会計監
査人を設置しているものである必要がある（法272条の37第2項、外国の法令に
より設立されたものを除く）。

② 少額短期保険持株会社の業務範囲

　少額短期保険持株会社の業務範囲は法律上保有が認められている子会社、ま
たは内閣総理大臣の承認を受けて保有する子会社の経営管理に限定されている
（法272条の38第1項・2項）。経営管理とは、(i)経営の基本方針の策定と適正な
実施、(ii)グループ内で利益相反の場合の調整、(iii)法令に適合することを確保す
るための体制整備、(iv)その他規則で定めるものとされている（法272条の38第4
項、規211条の77の2）。

　経営管理に加え、少額短期保険持株会社はグループの2社以上（少額短期保
険業者を含むものに限る）の共通の業務、たとえば資産運用やシステムの開
発・運用などを代行することができる（法272条の38の2、規211条の77の3）。
ただし、内閣総理大臣の承認が必要である（法272条の38の2第2項・3項、規
211条の77の4、役職員の福利厚生など軽微なものを除く（法272条の38の2第1項
但書、規211条の77の3第2項））。本規定は2021年の法改正により導入されたも

のである。

③　少額短期保険持株会社の子会社

少額短期保険持株会社が子会社にすることができる業務の範囲のうち内閣総理大臣の承認を受けずに子会社とできるものは、少額短期保険業者と少額短期保険業者の業務に従属、付随、関連する業務であって規則で定める行為に限定されている（少額短期保険業者が子会社とできる範囲と同一（法272条の39第１項、規211条の78で準用する規211条の34第１項））。また、それ以外の会社を子会社とするには内閣総理大臣の承認を受ける必要がある（法272条の39第２項）。

少額短期保険持株会社の監督についてはほぼ保険持株会社の規定が準用されている（法272条の40）。また、外国少額短期保険持株会社に対する法の適用（法272条の41）、少額短期保険持株会社の届出事項（法272条の42第２項）、承認の失効（法272条の43）の規定の適用がある。

④　少額短期保険持株会社に求められる業務運営規制（法272条の13第３項１号、規211条の30第２項）

少額短期保険持株会社グループ（法272条の13第３項１号に規定する少額短期保険持株会社グループをいう。以下同じ）において、少額短期保険業者を含む２以上の会社の業務を同グループに属する他の会社に委託する場合、少額短期保険持株会社は、次に掲げる内容の当該少額短期保険持株会社における経営管理に係る方針の策定およびその実施を確保するための措置を講じなければならない。

> 一　当該少額短期保険持株会社グループに属する会社であって当該業務を的確、公正かつ効率的に遂行することができる能力を有する者に当該業務を委託すること（規211条の30第２項１号）。
> 二　当該業務の委託を受けた者（以下この項において「受託者」という。）における当該業務の実施状況を、定期的に又は必要に応じて確認することにより、受託者が当該業務を的確に遂行しているかを検証し、必要に応じ改善させることその他の受託者に対する必要かつ適切な監督を行うこと（同項２号）。

> 三　受託者が行う当該業務に係る顧客からの苦情を適切かつ迅速に処理すること（同項3号）。
> 四　受託者が当該業務を適切に行うことができない事態が生じた場合には、当該業務を委託した少額短期保険持株会社グループに属する二以上の会社に対し、他の適切な第三者に当該業務を速やかに委託することその他の当該業務に係る顧客の保護に支障が生じることを防止するための措置を求めること（同項4号）。
> 五　当該業務を委託した少額短期保険持株会社グループに属する二以上の会社の業務の健全かつ適切な運営を確保し、当該業務に係る顧客の保護を図るため必要がある場合には、当該会社に対し、当該業務の委託に係る契約の変更又は解除をする等の必要な措置を求めること（同項5号）。

　以上のとおり、少額短期保険業者には主要株主と少額短期保険持株会社が承認の対象となっているが、主要株主はその財産基盤だけが問題とされるのに対し、少額短期保険持株会社は人的な適格性まで求められる。

　この点、本章で論ずる保険会社グループは本業が保険会社であるだけに財務上、人的資本上あまり問題が生ずることはないであろう。

⑤　少額短期保険持株会社の届出事項

　少額短期保険持株会社は以下の場合には内閣総理大臣に届け出なければならない（法272条の42第2項）。

> 一　少額短期保険持株会社になったとき、又は少額短期保険持株会社として設立されたとき。
> 二　少額短期保険業者を子会社とする持株会社でなくなったとき（五の場合を除く。）。
> 三　第272条の39第1項各号に掲げる会社を子会社としようとするとき。
> 四　その子会社が子会社でなくなったとき（二の場合を除く。）。
> 五　解散したとき（設立、株式移転、合併（当該合併により少額短期保険業者を子会社とする持株会社を設立するものに限る。）又は新設分割を無効とする判決が確定したときを含む。）。
> 六　資本金の額を変更しようとするとき。

七　その総株主の議決権の百分の五を超える議決権が一の株主により取得又は保有されることとなったとき。

八　その他規則で定める場合に該当するとき。

2 | 保険会社グループにおける少額短期保険

(1) 日本生命グループ（ニッセイプラス少短）
① グループ構成[2]

　日本生命は明治時代に起源を持つ、大手生命保険会社の一角である。日本生命グループの国内保険事業者には、日本生命と同様に営業職員販売が主体の大樹生命、金融機関向け商品を取り扱うニッセイ・ウェルス生命、乗合代理店とネットを含むダイレクトチャネルで商品を提供するはなさく生命がある。

　日本生命グループには日本生命の100％子会社であるニッセイプラス少短がある。同少短について日本生命ディスクロージャー資料では「お客様のライフスタイルの変化やデジタル環境の普及を背景とした、多様なお客様の保障ニーズにお応えするため2022年4月に開業しました」とあり、デジタルを活用することと、ニーズの多様化に対応するものであることを記載している。日本生命グループの国内での保険業を行う会社は、**図表4**のとおりである。

図表4 ｜ 日本生命グループの国内で保険業を行う会社の構成

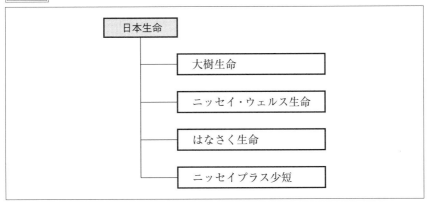

出典：「日本生命統合報告書」より著者作成。

2）「日本生命統合報告書2022」より。

　日本生命グループは生命保険を主な事業ドメインとする。日本生命には親密関係先のあいおいニッセイ同和損保があるが、その持株会社である MS & AD に対する日本生命の持株比率は6.78％にすぎない。現時点での日本生命グループは少額短期保険業者の事業分野も生命保険分野の補完にとどまっている。

②　少額短期保険業者の商品

　ニッセイプラス少短の商品としては、妊産婦の方々向けの「ママとこどもの1000daysほけん」が販売されている[3]。

　この商品は保険料が年齢にかかわらず、一律月額750円に設定されている。契約可能年齢は満18歳以上で出産予定日が判明（妊娠5週～8週）してから出産まで加入が可能である。保険料は月払い・クレジットカード払いのみに限定されている。加入はニッセイプラス少短の HP またはハーゼスト株式会社が運営し、日本産科医学会が監修する妊産婦向けアプリである「Baby プラス」から可能になっており、給付までネット上で完結する。

　給付は図表5のとおりである。なお、ニッセイプラス少短のシステムは Finatext 社が提供する保険クラウドによって運用されている。

③　商品の特徴

　日本生命を含む伝統的な生命保険会社はこれまで妊産婦を販売ターゲットとしてこなかったと考えられ、むしろ妊娠・出産に起因するさまざまな疾病を考慮して、特に妊娠中期から後期にかけては保険加入についてはどちらかといえ

図表5	給付内容	
切迫流産診断時	保険金1万円（1回限り）
切迫早産診断時	保険金1万円（1回限り）
乳腺炎診断時	保険金2万円（1回限り）
病気・けがによる子供の入院	入院日額3000円（通算30日間上限）

出典：ニッセイプラス少短 HP より著者作成。

3）https://www.nissay-plus.co.jp/assets/2204050900_release.pdf　参照。

ば消極的だったといえる。

「ママとこどもの1000days ほけん」は健康状態に不安の多い、妊娠中にこそかえってニーズがあると考え、代表的な妊娠中のリスクをカバーしているものである。加えて、出産後は当初の被保険者と異なる新生児の入院保障がついていることも大きな特徴である。

ただし、各給付額は比較的少額となっており、アプリ「Baby プラス」の便利な付属サービスと見ることも可能である。

なお、ニッセイプラス少短は2023年7月31日から関西電力と提携して、停電費用保険の発売を開始した[4]。また、本書脱稿後の情報として、2023年10月4日からスマホ保険を販売開始したとのことである。

(2) 第一生命グループ（第一スマート少短）

① グループ構成[5]

第一生命も日本生命と同様に明治時代に創業した国内大手生命保険会社の一角を占める会社である。第一生命グループの国内保険事業者には、保険持株会社である第一生命ホールディングスの傘下に、営業職員や代理店を中心として販売を行う第一生命のほか、金融機関代理店向けの商品を提供する第一フロンティア生命、来店型ショップなどを販路とするネオファースト生命がある。このほか、アイペットホールディングスを子会社としているが、同社はペットショップ、インターネット経由でペット保険を販売するアイペット損害保険をその子会社としている。

第一生命グループの少額短期保険業者としては第一スマート少短が2021年3月に登録している。第一生命グループの他の保険会社とは異なり第一生命ホールディングスの直接の子会社ではなく、第一生命の100％子会社となっている。

第一スマート少短の準備会社設立の際のニュースリリース（2020年1月20日）[6]では、「ミレニアル世代や将来の保障中核層として見込まれるZ世代は、

4) https://www.nissay-plus.co.jp/assets/2307311500_release.pdf　参照。

5) 第一生命「統合報告書2022」より。

6) https://www.dai-ichi-life.co.jp/company/news/pdf/2019_068.pdf　参照。

図表6　第一生命グループの国内で保険業を行う会社の構成

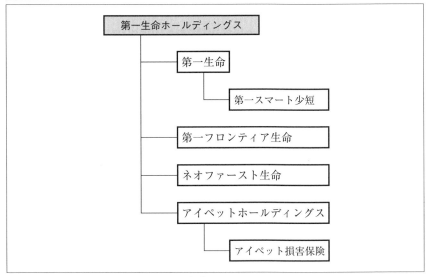

出典：第一生命「統合報告書」より著者作成。

価値観の多様化やデジタル技術の発展に伴うライフスタイルの変化等を背景に、保険に求めるニーズが『必要な時に必要な分だけ』へと変化しています。これらのニーズに柔軟にお応えするためには、『CtoB（Consumer to Business）』の視点での商品提供がより一層重要になっていきます」、「同じ嗜好を持つコミュニティ等に所属するお客さまに対して、コミュニティ毎のフルオーダー型の柔軟な保険商品の提供を行っていくことを目指していきます。また、お客さまの更なる利便性向上のため、ご契約からご請求までの手続きをデジタル完結で行う」との記載がある。ターゲット世代をミレニアル世代やＺ世代に絞り、コミュニティごとのフルオーダー型を目指す点に特色がある。

　第一生命グループの国内での保険業を行う会社は、**図表6**のとおりである。

②　少額短期保険業者の商品

　現在販売されている商品は、(ⅰ)航空機キャンセル費用保険、(ⅱ)家事代行費用保険である。また2022年12月に終了した(ⅲ)エッセンシャルワーカー応援保険も

紹介する。

（i）　航空機キャンセル費用保険

航空機キャンセル費用保険[7]はスターフライヤーの航空券を購入した顧客向けに、家族やペットの入院、急な業務出張など約款所定の事由により航空機への搭乗を中止した場合に、払戻しを受けられない航空券の取消手数料および払戻手数料を補償する保険である。保険の対象は株式会社スターフライヤーの公式 Web ページ、公式アプリ経由で個人が購入した一定の航空券が対象となる（法人は対象外）。保険料は一座席当たり500円でクレジットカード一時払いのみである。

（ii）　家事代行費用保険

家事代行費用保険[8]は被保険者（補償対象者）が約款に定めるところによって、けがによる通院、病気・けがによる入院、所定のメンタル疾病と診断されたことによって、被保険者が負担した家事代行費用の額（けがによる通院の場合はその50％）を支払限度額範囲内で支払うとする保険である。

保険期間は 1 年間であり、支払限度額 1 万5000円（通院は5000円）の場合は月額保険料500円、支払限度額 3 万円（通院は 1 万円）の場合は月額保険料1000円である。支払方法はクレジットカード決済による月掛けである。

（iii）　エッセンシャルワーカー応援保険

エッシェンシャルワーカー応援保険[9]は、第一スマート少短がミュージックセキュリティーズ株式会社（MS 社）と共同して開始したプロジェクトで、MS 社のプラットフォーム上で一般から寄付を募り、寄付金額を第一スマート少短が医療従事者向けに提供するエッセンシャルワーカー応援保険（特定感染症保険）の保険料に充当するものである。あわせて寄付金額と同額の寄付金を第一生命が拠出するマッチング寄付の仕組みも組み込んだ。

当該保険の販売は2022年 3 月末で終了し、保険料に充当されなかった部分の一般からの寄付金額と、当該寄付金額と同額の第一生命からの寄付金額を日本

---

7 ）https://dsmart-ins.com/service/product-cancel/　参照。

8 ）https://dsmart-ins.com/service/product-kajidaiko/　参照。

9 ）https://dsmart-ins.com/pdf/20221220_information.pdf　参照。

赤十字に寄付を行いプロジェクトは終了した。

なお、本書脱稿後の情報として第一スマート少短では2023年9月7日より、ミレニアル・Z世代向けの医療保険の販売を開始したとのことである。

③　商品の特徴

第一スマート少短の商品はどちらかといえば損害保険よりのものが多いことに注目される。ただし、第一スマート少短は損害保険分野のメインストリームの商品を出しているわけではない点で生命保険という事業ドメインを大きく変更するものではないことに留意する必要がある。

（ⅰ）　航空機キャンセル費用保険

航空機キャンセル費用保険は、特定航空会社のチケットホルダーということでターゲットが明確である。また、キャンセル代の補てんという従来存在していなかった給付を提供するものである。

この保険はエンベデッド保険（組み込み型保険）、すなわち他の商品やサービスの販売の際に、それらの商品等に組み込み型で保険を提供するものである。詳細は**第5章**で述べる。

当商品の注意喚起情報[10]にあるとおり、「株式会社スターフライヤーの公式Webページ、公式アプリ以外で購入した航空券はこの保険の対象外」との記載がある。これは街頭のチケット店舗等で購入した航空券に保険をつけることができないことを意味するものと考えられる。これはスターフライヤー航空の航空券の付随サービスと見ることも可能である。

（ⅱ）　家事代行費用保険

家事代行費用保険は、病気やけがによる入院、通院等の期間中に負担した家事代行費用を限度額内で実費補てんするものである。一般的な第三分野の保険では入院や手術といった事象に対して、一定額あるいは日額で定額を支払うものが多い。実費を支払うものもあるが、これは被保険者が実際に負担する医療費と公的保険の給付額の差額を支払うものが多い。本商品は、入院といった事象か、入院により直接発生する医療費（＝3割自己負担分）ではなく、間接的

---

10) https://dsmart-ins.com/downloads/cancelhoken_important_20220726_2.pdf　参照。

に付随して発生する費用をてん補するのは特徴的である。

この保険はたとえば、ウェルネスサポート事業を行う OFFSHORE のサイトなど10のサイトからも申込みが可能になっている。

(iii) 寄付と保険の組合わせ

エッセンシャルワーカー応援保険は被保険者である医療従事者に保険を付すにあたって、当該保険料を一般からの寄付から充当するとともに、第一生命もマッチング寄付をしてプロジェクト終了時に赤十字に寄付をしたものである。プロジェクトの結果を今後どう生かしていくかは明らかではないが、SDGs の観点からも注目される。

Topic 2 コロナ mini サポ保険[11]

第一スマート少短は、新型コロナ感染症や感染症法の定める１類から３類の感染症にり患したと医師から診断されたときに、特定感染症一時金が支払われる保険を2021年４月より販売開始した。保険期間は３か月で給付金額は一律10万円となっていた。保険料については、ダイナミックプライシングと呼ばれる感染状況に応じて毎月変動するものとされており、新型コロナ感染症の感染状況に応じて毎月１日にその月の申込時の保険料が確定することとされていた。保険料は2021年４月の発売時点で980円であったが、感染の拡大とともに2022年４月には7530円となるなど保険料水準が高騰した。さらに新型コロナ感染症第７波（2022年７月１日からとされる）を受けて、同年７月11日に新規販売を停止し、８月31日には既存契約の更新も停止した。

ここでいうダイナミックプライシングを保険会社では行うことができないが、少額短期保険業者は採用できる。その理由としては、少額短期保険業者においては、保険料の変更、すなわち、保険料及び責任準備金の算出方法書の改定は保険会社では監督官庁の認可が必要である一方、少額短期保険業者では保険計理人の意見書があれば、行政への届出により届出日翌日から実施することが可能だからである。

---

11) https://dsmart-ins.com/service/product-kansensho/ 参照。

⑶　住友生命グループ（アイアル少短）

①　グループ構成[12]

　住友生命は生命保険大手４社の一角を占め、伝統的に営業職員チャネルの強い会社である。グループの国内保険事業者には、住友生命のほかに保険ショップ等を経由して医療保険を中心として引受けを行う2010年創業のメディケア生命がある。

　アイアル少短は住友生命の100％子会社である。母体となる会社は1984年に学生総合保険の保険代理店として創業したが、2009年１月に少額短期保険業者として登録を完了し業務を開始した。その後、2011年２月にライズ少額短期保険株式会社と合併、アイアル少額短期保険株式会社に社名変更を行った。そして、2019年８月に住友生命が同社を買収・子会社化して住友生命グループの一員となった。住友生命グループの国内で保険業を行う会社の構成は、**図表7**のとおりである。住友生命の統合報告書[13]によればアイアル少短は「少額短期保険業者ならではの機動的な商品開発力を活かし、次代とともに変化するリスクやニーズに対する保険商品を開発してきました。（中略）今後もユニークな新商品開発やニッチマーケットの開拓等により、住友生命グループのマーケ

図表7　住友生命グループの国内で保険業を行う会社の構成

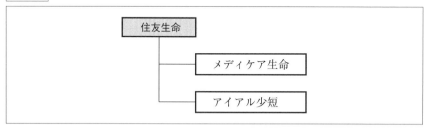

出典：住友生命「統合報告書」より著者作成。

12）住友生命「統合報告書2022」。
　　https://www.sumitomolife.co.jp/common/pdf/about/company/report/disclosure/2022/
　　repo2022.pdf　参照。
13）前掲注12）参照。

ティング戦略に貢献するとともに、お客様への充実した商品やサービスの提供に取り組んでいきます」とある。ニッチなニーズをとらえた商品として話題になったのは熱中症保険やインフルエンザお見舞金保険などであろうが、商品は次項②で紹介する。

② 少額短期保険業者の商品

(i) 孤独死保険（賃貸住宅管理費用保険）「無縁社会のお守り」[14]

賃貸住宅内における孤独死や自殺等によってオーナーや管理会社が被る原状回復費用（1事故100万円を限度とする実費）や空室や値引き期間の家賃（1事故200万円かつ12か月を限度）を補償する賃貸住宅のオーナー・管理会社向けに開発された商品である。第3章で見たとおり、孤独死の原状回復費用に関する補償は賃借人の家財保険に附帯されていることが多いが、本商品は賃貸人向けの商品となっている。

(ii) 家財保険（生活安心総合保険）[15]

持家の人・賃借人向けの家財保険であるが、ベーシックタイプと、水災と盗難等を補償対象外とした割引プランであるエコノミープラン、および大手不動産管理会社の顧客向けに蜂や鳥の巣の駆除費用等を担保するユニークな特約を附帯したオリジナル商品がある。3つ目の商品については保険の目的を最低限の生活必需品（32品目）に限定する特約が付されている。

(iii) 医療保険・医療費用保険

このカテゴリーに該当する商品は3つのものがある。

●子宝エール[16]
　不妊治療中の女性向けの医療保険であり、割増料金なく不妊治療中の女性が加入できる商品である。
●ヘルスケア応援団[17]

14）https://www.air-ins.co.jp/muen/index.html　参照。
15）https://www.air-ins.co.jp/kazai/index.html　参照。
16）https://www.air-ins.co.jp/kodakara/index.html　参照。
17）https://www.air-ins.co.jp/healthcare/agent/medicarelife.html　参照。

　がんや脳卒中などの7大疾病の保障に特化した医療保険である。BMI、血圧、血糖値、コレステロールといった4つの健康指標が所定の数値に該当する場合、保険料が最大30%の割引となる。

●ママと赤ちゃんの医療保険

　ディアベビー（ひとの保険　入院手術保障条項）[18] 妊娠週数に関係なく加入可能な主に妊婦や妊活中の女性と赤ちゃんのための医療保険である。母親の妊娠うつや産後うつなどのメンタル疾病による入院、加入時の妊娠に伴う切迫早産等の異常妊娠・異常分娩による長期入院、3大疾病（ガン・心疾患・脳血管疾患）や妊娠中や産後の検査等で発覚した女性特有の器官（子宮・卵巣）の疾病に伴う摘出手術も保障される。

　また出生した赤ちゃんは自動的に被保険者となり、対象となる疾病により入院した場合に保険金が支払われる。

⒤　葬儀保険（ひとの保険・葬儀費用保障条項）「**終活相談付き　みんなの葬儀保険**」[19]

　被保険者が死亡した際に一時金を支払う1年後進タイプの死亡保険で、約款に定める「保険金直接支払特則」に基づき、死亡保険金受取人の指図により保険金の一部を当該社から提携先葬儀事業者に直接支払いをすることができる。また、契約者向けサービスとして「終活よろず相談ダイヤル」が提供される。

⒱　再生医療保険（ひとの保険・バイオセラピー費用（運動器）保障条項）「**セルソース PFC-FD 保険**」[20]

　主にプロスポーツチームに所属するアスリート向けに、血小板由来因子濃縮液を凍結乾燥保存した自己血液生成物を用いた療法を用いた運動器の治療を行った場合に実費を補償する。

⒲　熱中症保険（ミニ医療保険・熱中症保障条項）「**熱中症お見舞い保険金**」[21]

　熱中症によって点滴を受けたときや日帰り・1泊以上の入院をしたときに保険金を支払うもので「PayPay」のアプリから申込みを行う商品。なお、保険

18) https://www.air-ins.co.jp/pregnants/　参照。

19) https://www.air-ins.co.jp/funerals　参照。

20) https://www.sumitomolife.co.jp/about/newsrelease/pdf/2021/220203.pdf　参照。

21) https://www.sumitomolife.co.jp/about/newsrelease/pdf/2022/220421.pdf　参照。

期間は「1日～7日」（1日単位契約）と「1か月～7か月」（月単位契約）より選択する。

⑺　インフルエンザお見舞金保険[22]

熱中症保険同様 PayPay 専用保険で、インフルエンザ A 型または B 型にり患し、病院等で抗インフルエンザ薬（タミフル等）を処方されたとき、および1泊2日以上の入院をしたときに、お見舞金をお支払いする保険である。保険期間は1か月～7か月の間の月単位で契約する。なお、⑹と⑺は販売時期が限定されている。

③　商品の特徴

商品については住友生命が子会社化する前の商品もあり、必ずしも全商品が住友生命グループの戦略の下に販売しているといえるものではない。しかし、最近販売開始した商品には医療分野でターゲット層や給付事由を絞った戦略的なものが多い。

⒤　アプリ限定の簡易な保険

熱中症保険やインフルエンザお見舞金保険は PayPay アプリでのみ申込みが可能で、かつ給付金（保険金）請求・支払いも PayPay アプリで完結する。決済アプリ上で加入から支払いまでが完結するのはインシュアテックの典型的な事例である（詳細は**第5章**）。

ⅱ　ニッチ分野におけるニーズへの対応

伝統的な医療保険が保障する疾病全般ではなく、熱中症、あるいはインフルエンザと給付事由がニッチな疾病となっている保障を行っている。ただ、これら商品の保障される金額は高額なものではない。同社安藤社長も「保険というよりお守りです。保険は気休めとしても加入すると、自ら感染しないように気を付けようという気になる」という[23]。

また、子宝エールやディアベイビーのように不妊治療中の人、あるいは妊娠中の人という加入層のターゲットが絞られて明確になっている商品もある。

22）https://www.air-ins.co.jp/pdf/230111_newsrelease_omimaihoken.pdf　参照。

23）「インフル治療を保障するアイアルの『勝算』」医薬経済2023年2月1日号71頁参照。

ⅲ　葬儀保険

葬儀保険は提携葬儀業者に保険金を直接支払いすることができる規約になっている。もともと生命保険会社では現物給付保険が認められないとされていた。ところがその代わりに、保険金を医療機関などに保険金を直接支払いすることが2015年に明確に認められた。この直接支払サービスは、近時普及しはじめてきており、少額短期保険業者である同社の直接支払サービスも特色のある商品と考えられる[24]。

⑷　東京海上グループ（東京海上ミレア少短、東京海上ウエスト少短、Tokio Marine X 少短）[25]

①　グループ構成

損害保険業界には3つの大きなグループがある。東京海上グループと、MS & AD グループ、そして SOMPO（ホールディングス）グループである。東京海上グループは東京海上日動を主要子会社として売上高業界トップになることも多い大手損害保険グループである。

東京海上グループには、まず伝統的な損害保険会社として東京日動火災保険および日新火災保険がある。これら伝統的な損害保険会社は代理店を通じた販売が主力である。また、東京海上ホールディングスと NTT ファイナンスとの共同出資で2009年1月に設立されたイーデザイン損保はスマートフォン経由で Web 加入する形態の自動車保険を販売する損害保険会社である。

生命保険分野では東京海上ホールディングスの傘下に1996年設立の東京海上日動あんしん生命保険があり、フルラインの生命保険商品を販売している。販売方式としてはインターネットのほか、代理店と専門の営業職員が対応する。

東京海上グループには、以下3つの少額短期保険業者が存在する。東京海上ホールディングスの子会社である東京海上ミレア少短、東京海上ウエスト少短と、東京海上日動火災保険の子会社である Tokio Marine X 少短である。東京海上グループの国内で保険業を行う会社の構成は、**図表8**のとおりである。

24）他の少額短期保険でも取り扱っている業者が存在する。
25）東京海上ホールディングス「2022統合レポート」による。

●東京海上ミレア少短[26)]

　2003年6月に株式会社日本厚生共済会として設立され、2007年12月に少額短期保険業者としての登録を受けた。2008年1月に現在の東京海上ホールディングスから出資を受け、2009年6月に東京海上ホールディングスの100%子会社となった。

●東京海上ウエスト少短[27)]

　2014年1月に東京海上ホールディングスの100%出資により準備会社が設立され、2014年3月登録完了、4月に保険営業を開始した。

● Tokio Marine X 少短[28)]

　2022年2月1日に東京海上日動により設立され、同7日に登録が行われた。そして同年3月7日に営業を開始した。

| 図表8 | 東京海上グループの国内で保険業を行う会社の構成 |

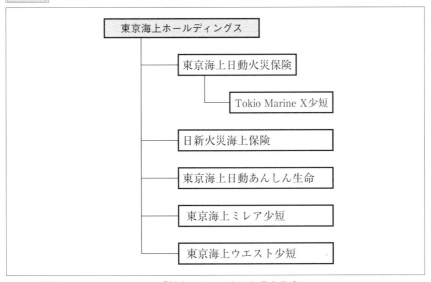

出典：東京海上ホールディングス「統合レポート」より著者作成。

26）https://www.tmssi.co.jp/company/enkaku.html　参照。

27）https://www.twssi.co.jp/disclosure/assets/W-2022-d-2.pdf　参照。

28）https://www.tokiomarine-x.co.jp/company/about.html　参照。

②　商　　品
（i）　家財保険

家財保険は東京海上ミレア少短と東京海上ウエスト少短が共同引受けを行っている。両社とも家財保険分野では大手の少額短期保険業者である。販売する商品は一般的な家財保険であるので、契約内容については**第３章**を参照してほしい。

（ii）　テナント保険

一般的な家財保険は借用戸室内の家財を補償するものであり、事業用の家財については補償外となっている。東京海上ミレア少短と東京海上ウエスト少短の提供するテナント保険は事業用の設備・什器等の補償を提供するものとなっている。具体的には以下で構成される（同社約款）。

> イ）借用施設（店舗等）内の設備・什器等の損害を補てんする設備・什器等保障
> ロ）借用施設の修理費用を補てんする修理費用保険金
> ハ）テナントオーナーに対する損害賠償責任を補償する借家人賠償責任保障
> ニ）他人に対する損害賠償責任を補償する施設賠償責任保障

（iii）　バイク盗難お見舞い保険（バイク盗難保険）

Tokio Marine X 少短が2023年３月７日から販売しているのがバイク盗難保険である。保険料は一律月額270円で保険金は一律８万円となっている。加入は同社のHPへの入力によって行い、バイクが盗難になり回収不能（＝警察に被害届出を行い、被保険車両の抹消手続を行ったこと）となった場合にWeb経由で保険金請求ができる。

③　特　　徴
（i）　家財保険

損害保険業界大手の東京海上グループであるため、家財保険の分野でも大きなシェアを占めているのは当然かもしれない。家財保険を主力とする会社を買収し、当該会社の事業規模が保険料収入50億円の上限に近づいているため、もう一社設立したということであろうか。東京海上日動でも家財保険を取り扱っているが、別途少額短期保険業者をグループ内に持つことは、顧客との接点の

相違があるからと推測される。

　すなわち、一般に火災保険はハウスメーカーや不動産販売業者で顧客との接点が生ずるが、賃借人向けの家財保険は不動産管理会社等で顧客との接点が生ずるからである。

(ⅱ)　バイク盗難お見舞い保険

　他方、バイク盗難お見舞い保険は一律の保険料で一律の保険金が支払われる点や、給付事由がバイクの盗難に限定されている点で特徴的である。もともとバイクの車両保険への加入率が低いうえに、バイクの盗難はバイクの車両保険の担保範囲外であることが多いという点で今までなかったマーケットを開拓する商品として打ち出したものといえよう。

(5)　SOMPO グループ（Mysurance）[29]

①　グループ構成

　上述のとおり、SOMPO（ホールディングス）グループは主要子会社に損保ジャパンを有する損害保険大手3グループの一角を占める大手損害保険グループである。

　SOMPO ホールディングスは2010年に損保ジャパンと日本興亜損保の共同持ち株会社である「NKSJ ホールディングス」として発足し、その後名称変更して現在の形となった。SOMPO ホールディングスの主要子会社である損保ジャパンは、大成火災海上、安田火災海上、日産火災海上が合併してできた損保ジャパンと、日本火災海上、興亜火災海上、太陽火災海上が合併してできた日本興亜損保とが、2014年9月にさらに合併してできた会社である。合併当初は損害保険ジャパン日本興亜株式会社との商号であったが、2020年4月に現状の商号となったフルラインの損害保険会社である[30]。

---

29) https://www.sompo-hd.com/-/media/hd/files/doc/pdf/disclosure/hd/2022/hd_disc2022.pdf?la=ja-JP　参照。

30) SOMPO ジャパンホールディングス「統合報告書2022」https://www.sompo-hd.com/-/media/hd/files/doc/pdf/disclosure/hd/2022/hd_disc2022.pdf?la=ja-JP　参照。

| 図表9 | SOMPO グループの国内で保険業を行う会社の構成 |

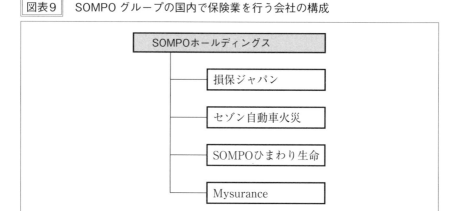

出典：SOMPO ジャパンホールディングス「統合報告書2022」より著者作成。

　SOMPO グループの国内で保険業を行う会社の構成は、**図表9**のとおりである。

　損保ジャパン以外の保険会社としては40代、50代の保険料を割安とする「おとなの自動車保険」を主力商品とするセゾン自動車火災があり、生命保険分野では SOMPO ひまわり生命がある。SOMPO ひまわり生命は医療保険のほか、認知症保険、介護保険など多彩な商品を販売している。

　そして SOMPO ホールディングスの傘下には Mysurance という少額短期保険業者が存在する。少額短期保険業者である Mysurance であるが、この会社は2018年7月に準備会社として設立され、2019年2月に登録が完了し、同年3月より営業を開始している。SOMPO ホールディングスの統合報告書によれば「デジタル・プラットフォーマーなどの異業種と連携し、旅行キャンセル保険やスマホ保険といったオンライン完結型の商品を提供しています。お客様アンケートを実施し、そこで得られた気付きをすぐに商品 Web サイトに反映するなど、快適な加入・保険金請求体験を提供できるように努めています。今後もデジタル技術を活用した体験価値を創出し、次代の変化により発生する新たなお客様ニーズにスピーディに応える保険会社を目指します」とある。

② 　少額短期保険業者の主な商品[31]

（ⅰ）　スマホ保険

　スマホ保険は格安 SIM を利用するスマホを対象に、落としてしまった場合や水没させてしまった場合などの修理費用を補償する。

　「ライトプラン」、「スタンダードプラン」の２種類から選択することができ、「ライトプラン」は画面割れなどの破損・汚損をカバーするシンプルな補償、「スタンダードプラン」は水濡れや盗難・紛失など、スマホのトラブルを幅広く補償する。

（ⅱ）　学生スマホ保険

　学生スマホ保険はスタンダードプラン・ライトプランに、学生の方がスマホを利用し、SNS でのトラブルにあった場合などに弁護士に無料で法律相談できるサービスをセットした商品である。

（ⅲ）　宿泊キャンセル保険、旅行キャンセル保険

　旅行の予約をキャンセルした場合に係るキャンセル料を補償する。本人、同行者にかかわる理由によるキャンセルのほか、家族の入院、通院、死亡によるキャンセルも補償対象となる。また、予約をキャンセルする理由は人や状況によって異なるため、指定されたキャンセル理由以外の思いがけないキャンセルも幅広く補償する。

　支払われる保険金は保険金額（旅行代金）を限度に、支払いを求められたキャンセル料にキャンセル理由に応じた補償割合を乗じた金額となる。

（ⅳ）　フライト遅延保険

　搭乗予定の航空機が出発時刻から遡って24時間以内に２時間以上の出発遅延または欠航が発表されたことで発生した飲食代や交通費などの費用を定額で支払う。

（ⅴ）　Travel キャンセル保険

　国内旅行の予約をキャンセルした場合に係るキャンセル料を補償する。対象となる国内旅行は国内宿泊、国内ツアー日帰りツアー、国内航空券予約である。

31）取扱商品については「Mysurance の現状2022」より引用。

支払われる保険金は保険金額（予約時点の旅行代金）を限度に、キャンセル料にキャンセル理由に応じた補償割合を乗じた金額となる。本人、同行者にかかわる理由によるキャンセルのほか、家族の入院、通院、死亡によるキャンセルも補償対象となる。

(vi)　コロナあんしん旅行保険

本商品はTravelキャンセル保険に「新型コロナ感染症一時金支払特約」をセットした損保ジャパンの「国内旅行傷害保険」を組み合わせた商品で、自宅を出発してから帰宅するまでの国内旅行中に、本人および同行者の思いがけないけが、食中毒、熱中症により入院・通院、手術した場合などを補償する。また、国内旅行中または旅行終了後14日以内に新型コロナウイルス感染症を発病した場合、「新型コロナウイルス感染症一時金支払特約」により一時金として3万円を支払う（ただし本商品はすでに販売中止）。

(vii)　修学旅行キャンセル保険

出発直前の生徒の病気やけがにより入通院した場合のキャンセルに加えて、家族や友人等が新型コロナウイルスに感染し生徒が濃厚接触者になってしまった場合なども含めて幅広いキャンセル自由を補償の対象としている（生徒本人にキャンセル事由が生じた場合に補償の対象となる）。支払われる保険料は発生したキャンセル料にキャンセル事由に応じた補償割合を乗じた金額となる。

(viii)　家財保険

本商品は「家財の補償」、「借りているお部屋に関する補償」、「第三者に対する賠償事故の補償」、「交通事故によるケガの補償」から構成されている。

本商品は賃貸住宅入居者の経済的負担や加入手続の負荷なく家財保険に加入でき、入居期間中の万一の事故に備えて安心・安全に暮らせる社会の実現を目指すため、保険料は家計にやさしい月払い、インターネットによる手続で書類の準備も不要、24時間365日手続可能な「デジタル完結型　家財保険」とされている。

③　特　　徴

Mysuranceは損保タイプの少額短期保険業者の中心的な保険である家財保険も販売しているが、そのほかは少額短期保険協会の区分する「費用・その他

保険」に属する商品が多い。これら商品はいわゆるエンベデッド保険であることに特徴がある[32]。宿泊キャンセル保険、旅行キャンセル保険、フライト遅延保険はいずれも Yahoo! トラベルでの一連の旅行予約手続時に保険の加入が可能となっている。Yahoo! トラベルの予約情報と連携しているため簡単に加入することができる。また保険金は PayPay マネーでも受取可能となっている。すなわち Web ですべてが完結するインシュアテックの典型的なビジネスモデルとなっている。

　このような商品体系から Mysurance は損保型の少額短期保険業者であって、ニッチなニーズを獲得する商品を多く販売している会社であるということができる。

(6)　あいおいニッセイ同和損保グループ（全管協少短ほか計 6 社）
①　グループ構成
　あいおいニッセイ同和は、MS & AD ホールディングスの子会社である。上述のとおり、MS & AD グループは三大大手損害保険グループの一角を占める。

　MS & AD ホールディングスの主要子会社としては、他の損害保険グループと異なり、2 社存在する。1 つはあいおいニッセイ同和損保であり、もう 1 つには三井住友海上火災保険がある。三井住友海上は2023年4月の少額短期保険業者の準備会社を設立した[33] 段階で、主にあいおいニッセイ同和損保が少額短期保険業者と資本関係を保有している。

　そこで、この項では、あいおいニッセイ同和損保の子会社・関連会社について解説する[34]。あいおいニッセイ同和損保グループの国内で保険業を行う会社の構成は、**図表10**(次頁)のとおりである。

　あいおいニッセイ同和損保の少額短期保険業（損害保険業含む）への事業展開は子会社化をしない資本提携および業務提携によるものが多く、他の保険会

32）エンベデッド保険については**第 5 章**参照。

33）https://www.ms-ins.com/news/fy2023/pdf/0418_2.pdf　参照。

34）https://www.aioinissaydowa.co.jp/corporate/about/associate.html　参照。

図表10　あいおいニッセイ同和損保グループの国内で保険業を行う会社の構成

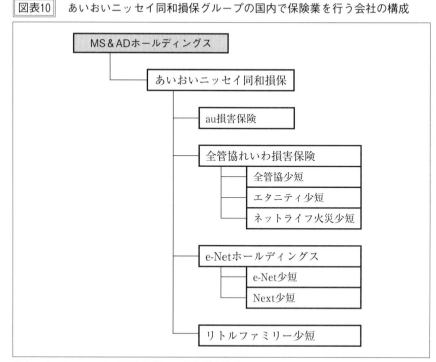

出典：あいおいニッセイ同和損保HPより著者作成。

社グループのように単独資本による子会社化という形態をとっていない。

　まずグループ内の損害保険会社は自転車向け保険などを主力とするau損害保険を現auフィナンシャルホールディングス株式会社と共同で設立している。株主構成はあいおいニッセイ同和損保が49％でauフィナンシャルグループが51％となっている[35]。

　もう1つの損害保険会社は全管協れいわ損害保険[36]で、全国賃貸管理ビジネス協会が65％、あいおいニッセイ同和損保が35％の議決権をそれぞれ保有している。全管協れいわ損害保険は賃貸住宅居住者総合保険を販売している。全

35）https://www.au-sonpo.co.jp/corporate/corporate/　参照。
36）「全管協れいわ損害保険の現状2022」より。

管協れいわ損害保険は、1992年に全国の有力賃貸管理業者17社が「全国賃貸管理業協議会」を設立、入居者の家財保障共済事業を開始したことに始まる。2008年3月に少額短期保険業者として登録し、同年4月「株式会社全管協共済会」として営業を開始した。2009年12月に現あいおいニッセイ同和損保と業務資本提携契約を締結したのち、2011年10月に「株式会社全管協共済会」を単独株式移転して、川上に「株式会社全管協SSIホールディングス」を設立し少額短期保険持株会社として届出を行った。つまり、この時点では現全管協れいわ損害保険は現全管協少短を子会社とする少額短期保険持株会社になったということである。そして2021年6月全管協SSIホールディングスは損害保険業の免許を取得して損害保険会社である「全管協れいわ損害保険」となった。

全管協れいわ損害保険の子会社としては全管協少短、エタニティ少短、ネットライフ火災少短がある。

全管協少短は上記で述べた経緯で全管協SSIホールディングス（現在は全管協れいわ損害保険）の100％子会社となったものである。2018年12月に全管協共済会から現在の全管協少短に商号変更した[37]。

エタニティ少短も家財保険を販売する少額短期保険業者である。2010年5月に準備会社が設立され、同年10月に少額短期保険業者として登録、営業を開始している。全管協少短と同じく全管協れいわ損害保険の100％子会社である[38]。

ネットライフ火災少短は家財保険である入居者総合保険を販売している。ネットライフ火災少短は2015年4月に準備会社を設立、12月に少額短期保険業者として登録、営業を開始した。そして2017年5月に全管協SSIホールディングス（現在は全管協れいわ損害保険）の100％子会社となった[39]。

e-Netホールディングスはe-Net少短およびNext少短の少額短期保険持株会社として2017年8月に設立された[40]。e-Netホールディングスはこれら2つの少短を100％子会社としている。e-Netホールディングスについては、あいお

37）「全管協少短の現状2022」より。

38）https://www.eternity-ins.com/aboutus.html 参照。

39）「ネットライフ火災少額短期保険の現状2022」より。

40）http://www.e-nethd.co.jp/company/ 参照。

いニッセイ同和損保が持ち株比率38.4％の議決権を有しており、筆頭株主となっている。

e-Net 少短[41] は2001年10月に e-Net 共済会として設立され、家財補償商品を提供していたものである。2008年2月に現在のあいおいニッセイ同和損保と業務提携を行った後、2009年1月に少額短期保険業者として登録された。2009年10月にはあいおいニッセイ同和損保の関連会社化したが、その後 e-Net ホールディングスの100％子会社となったのは上述のとおりである。e-Net 少短は家財保険やテナント保険を代理店経由で販売している。

同じく e-Net ホールディングスの100％子会社である Next 少短も家財保険およびテナント保険を販売する少額短期保険業者である。2017年11月に少額短期保険業者として登録し、業務を開始した[42]。

最後にペット保険専業のリトルファミリー少短がある[43]。2021年4月に第三者割当増資を行って、あいおいニッセイ同和損保の子会社となった。同年6月に少額短期保険業者としての登録を得た。

②　少額短期保険業者の主な商品

本項では、もともと少額短期保険業者であった全管協れいわ損害保険の商品も含めて説明する。

（ⅰ）　全管協れいわ損害保険

全管協れいわ損害保険は賃貸住宅居住者総合保険を販売している。「賃貸住宅居住者総合保険」[44] は、第3章で述べた標準的な賃借人向け家財保険を販売しているのでそちらを参照いただきたい。

ただし、特徴として、総括契約という方式を採用していることである。これは原則として不動産管理会社が保険契約者かつ代理店となり、保険契約を締結する契約方式である。入居者は被保険者となり、代理店である不動産管理会社

41）「e-Net 少額短期保険株式会社の現状2022」より。
42）http://www.next-ssi.co.jp/company/　参照。
43）https://www.littlefamily-ssi.com/corporate/　参照。
44）「全管協れいわ損害保険の現状」36頁参照。

から保険内容の説明を受けるとともに、保険料相当額を不動産管理会社へ支払う。

(ii) 全管協少短

全管協少短は家財保険（安心保険プラスⅢスーパー）[45]を主力商品として販売している。商品は家財保険、修理費用保険、借家人賠償責任保険、個人賠償責任保険から構成されているのは標準的だが、特約として地震災害一時金特約を附帯することができることに特色が見られる。エタニティ少短も全管協少短と同じ家財保険を販売する。ネットライフ火災少短の販売する入居者総合保険[46]も賃貸住宅居住者向けの家財保険を販売している。

(iii) e-Net 少短

e-Net 少短は家財保険やテナント保険を代理店経由で販売している。たとえば賃貸住宅補償総合保険「新バリュープラン」[47]は、賃貸住宅の賃借人向け家財保険であるが、標準的な契約内容である。

(iv) ペット保険ワンデイズ・ニャンデイズ

ペット保険ワンデイズ・ニャンデイズは支払限度額が一保険期間当たり120万円を上限として、通院・手術・入院に回数無制限で給付がある。実費の50％が給付されるコースと70％が給付されるコースがある。

③ 特　　徴

ペット保険については子会社を保有しているが、グループ全体では商品としては賃借人向け家財保険に注力している。全管協グループと e-Next グループいずれについても50％超の議決権を有しておらず、子会社としていない。この点について触れている文献はなかったが、たとえば全管協グループは母体が全国の有力賃貸管理業者17社であり、また総括契約方式はまさに実際の顧客との接点を有する不動産管理会社が契約者兼代理店であることから、可能となるものであり、これら団体との関係を考慮したものである可能性がある。

45）https://www.zkssi.co.jp/household/　参照。

46）https://hoken.netlifekasai.co.jp/　参照。

47）https://www.e-netcom.co.jp/product/valueplan/　参照。

あいおいニッセイ同和損保は「費用・その他保険」について進出していないことも特徴的である。

(7)　アフラック生命保険グループ（SUDACHI 少短、アフラックペット少短）

①　アフラック

アフラック[48]は1974年に米国アフラックの日本支店が、がん保険を主力商品として営業開始した。しばらくは外国保険会社等として支店形態で営業してきたが、2018年にアフラック生命保険株式会社を設立して日本法人として営業を開始した。なお、アフラック生命の川上持ち株会社として Aflac Holdings LLC が保険持株会社兼少額短期保険持株会社として存在する。

アフラック生命グループには2つの少額短期保険業者が存在する。1つはSUDACHI 少短[49]で2020年4月に準備会社として設立、同年12月に少額短期保険業者として登録された。営業開始は2021年3月から主に第三分野の保険を販売している。同社はアフラック生命の100%子会社である。同社の方針としてはまずアフラックが「『生きる』を創るリーディングカンパニーへと飛躍することを目指しています。」とし、そして「時代とともに多様化するお客様ニーズや市場動向の変化に合わせてアフラック生命グループの商品欄にアップを充実させる保険商品や先端的な保険商品を機動的に開発していくために、少額短期保険事業に参入することとしました。」とする[50]。

もう1つはアフラックペット少短である。アフラックペット少短は2022年11月に準備会社として設立され、2023年1月30日からペット保険業務を開始した。こちらもアフラック生命の100%子会社である。アフラックは、米国における犬・猫向けの医療保険のリーディングカンパニーであるトゥルーパニオンと2020年10月に資本業務提携を締結し、米国において職域をはじめとする幅広い販売チャネルを通じた戦略的なペット保険市場への参入を実現するととも

48）https://www.aflac.co.jp/corp/profile/development.html　参照。

49）https://www.sudachi.co.jp/sudachi_profile/　参照。

50）https://www.aflac.co.jp/news_pdf/2021010602.pdf　参照。

に、成長期待の高い日本のペット保険市場への参入機会について検討してきたとする[51]。2023年4月にはトゥルーパニオンと合弁会社として事業を開始する予定であったが、執筆時点で動きはないようである。

　アフラックペット少短の設立後の経緯は若干複雑である。同社が設立された後に、経営・財務上の問題により保険管理人により業務および管理が行われ、業務停止中であったペッツベスト少短から契約移転を受け、顧客基盤を引き継ぐとともに保険金支払業務を行うことから事業が開始されている[52]。

Topic 3　ペッツベスト少短

　ペッツベスト少短は同社の新ペット医療保険において約款に定める請求後15日以内の保険金支払遅延が認められたことから、金融庁は2021年12月以降3回にわたり同社に対して発生原因と解消策について報告を求めた。

　同社は査定手続に関する人員不足と保険収支の悪化等により保険金支払遅延が発生しているとして人員の確保、外部資金の調達などの解消策を報告した。しかし、その後も状況が改善されないことから、2022年6月に金融庁は同社に対して新契約の募集及び締結並びに契約更新に係る業務の停止を命ずるとともに支払遅延を解消するための業務改善命令を発出した。その後も同社の作成した改善計画は実行されなかったため、同年8月に改めて業務停止命令を発出した。

　金融庁は、同年9月には同社独自では支払遅延の改善が見込めないとして弁護士等2人の保険管理人による業務および財産の管理命令を発出した。

　これを受け、保険管理人はアフラック生命保険をスポンサーに選任した。そして
・アフラック生命が設立する少短に対して保険契約に関連するペッツベスト少短の保険事業の移転とあわせて包括移転を行う。
・未払いとなっている保険金等については支払時期等についてアフラック生命と協議のうえ、アフラック生命が新設する少短より支払う、
との方針を策定し、当該計画について2022年11月22日金融庁は承認を行った[53]。

51）https://www.aflac.co.jp/news_pdf/20221111.pdf　参照。
52）https://www.aflac.co.jp/news_pdf/20230214.pdf　参照。
53）https://lfb.mof.go.jp/kantou/kinyuu/pagekthp027000010.html　参照。

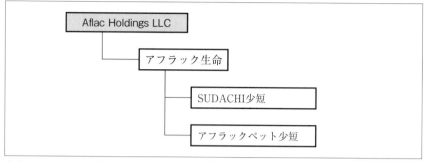

図表11　アフラック生命グループの国内で保険業を行う会社の構成

出典：アフラック生命HPニュースリリース等から著者作成。

　アフラック生命グループの国内で保険業を行う会社の構成は、**図表11**のとおりである。

②　少額短期保険業者の主な商品

（ⅰ）　**SUDACHIのささえる医療保険**（引受基準緩和型医療保険）[54]

　満99歳まで自動更新される1年契約の医療保険である。持病があってアフラックの医療保険に加入できない層への提供が想定されている。

　日帰り入院を含む10日以内の短期入院でも10日間分の入院給付金を一律保障する。11日以上は日数分の入院給付金が上限60日まで給付される。

　なお、無料のオンライン医療相談サービスが附帯されている。

（ⅱ）　**働くあなたの所得保障保険**（就労所得保障保険）[55]

　1年契約で79歳まで自動更新扱いである。この保険はフリーランス・自営業者の方々を対象に病気やけがで就労困難状態になった場合に収入の減少をサポートする保険である。

　特徴としては業務中・業務外を問わず、病気やけがにより7日以上継続して入院した場合に、一時金を支払う保険であるが、入院後に就労困難状態が継続

54）https://www.sudachi.co.jp/products/sasaeru/　参照。

55）https://www.sudachi.co.jp/products/hataraku/　参照。

した場合も保障され、基本タイプでは30日ごとに給付金を最大3回まで支払う。

　なお、この保険は同社の協業企業の会員を対象とした保険商品である。

(iii)　**総合医療保障保険**（「SUDACHIの医療保険はじめる」、「SUDACHIのがん保険はじめる」、「SUDACHIの医療保険ひろげる」、「SUDACHIのがん保険ひろげる」）[56]

総合医療保障保険として、以下がある。

●SUDACHIの医療保険はじめる

　30歳で月々1000円台の保険料を実現した手軽な保険料となっており、短期入院にも備えられる保障となっている。日帰り入院を含む5日以内の短期入院の場合、一律5日分の入院給付金を支払う。通院給付金は日帰り手術、放射線治療でも支払われる。

●SUDACHIのがん保険はじめる

　25歳で月々800円を下回る保険料を実現した手軽な保険料となっており、がんの入院、通院、三大治療、先進医療に係る経済的負担をサポートするといった特徴がある。

●SUDACHIの医療保険ひろげる

　三大疾病で所定の条件に該当したとき、一時金で給付金を支払う。

●SUDACHIのがん保険ひろげる

　がんと診断されたときに一時金で給付金を支払う。

---

③　**特　徴**

(ⅰ)　**SUDACHI少短**

SUDACHI少短の最初の商品は引受基準緩和型医療保険であり、これはアフラック生命の医療保険に加入できない人向けの医療保険としての位置付けであり、まさにアフラック生命を補完する位置付けのグループ会社である。その後、医療保険、がん保険とも少額でも給付を受けたいというニーズにこたえる商品を出している。医療分野を主力とするアフラックグループの特徴が現れて

56）https://www.sudachi.co.jp/products/iryo/　https://www.sudachi.co.jp/products/gan/
　参照。

いる。

(ⅱ)　就業不能保険

就業不能保険は契約者＝被保険者がフリーランスと自営業者というターゲットが明確になっている。昨今、宅配業者から個人で委託を受け配送を行う配達パートナーなどには労災保険が適用されず、休業補償もないことが問題となっていた。このような問題への対処という意味では、時代に合った商品といえるだろう。また、このような商品は経済的に脆弱性を有する方向けの保険である、マイクロインシュアランスあるいはインクルーシブインシュアランスなどと呼ばれるカテゴリーに属すると見ることも可能である。ただし、販売対象は協業企業の会員に限定されている点に留意が必要である。

(8)　チューリッヒ保険会社グループ（チューリッヒ少短）

①　チューリッヒ・インシュアランス・グループ・リミテッド

チューリッヒ・インシュアランス・グループ・リミテッドは1872年にスイスに起源を有する国際的な保険グループで200を超える国・地域で保険を提供している。最上位にある持株会社はチューリッヒ・インシュアランス・グループ社である[57]。

チューリッヒ保険会社[58]はチューリッヒ・インシュアランス・グループのアジアにおける重要拠点として、1986年、日本に設立された。英文名はZurich Insurance Company Ltd である。日本では支店を設けて事業を行う外国保険会社等の形態をとってきた。1986年に損害保険業の事業免許を取得し、翌1987年から自動車保険などを主力商品として営業している。生命保険業については1996年８月にチューリッヒ・ライフ・インシュアランス・カンパニー・リミテッドが生命保険事業免許を取得した。現在は、日本の生命保険会社であるチューリッヒ生命保険株式会社[59]として営業を行っている。

少額短期保険業者については、2018年10月にライフサポートジャパン少額短

57）https://www.zurich.co.jp/aboutus/about/group/　参照。

58）https://www.zurich.co.jp/aboutus/about/profile/　参照。

59）https://www.zurichlife.co.jp/　参照。

図表12　チューリッヒグループの国内で保険業を行う会社の構成

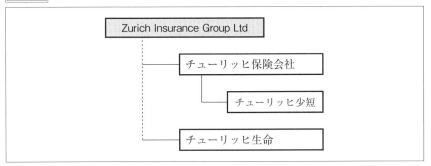

出典：チューリッヒ生命保険 HP より著者作成。

期保険株式会社の株式をチューリッヒ保険会社が100％取得し、社名をチューリッヒ少額短期保険株式会社に変更したものである[60]。

　チューリッヒグループの国内で保険業を行う会社の構成は、**図表12**のとおりである。

②　少額短期保険業者の主な商品

（ⅰ）　ミニケア賃貸保険

　賃借人のための家財保険である。家財損害条項（なお、水災は補償適用外）、借用戸室の修理費用条項、賠償責任条項（借家人賠償責任・個人賠償責任）、被害事故法律相談費用等条項がある。これがチューリッヒ少短の主力商品である[61]。

（ⅱ）　ミニケア旅のキャンセル費用保険

　企画旅行等補償条項、航空券等補償条項、宿泊補償条項、レンタカー補償条項があり、旅行予定者の死亡や医師の旅行中止の指示があった場合などの損害を補てんする商品である[62]。

---

60)　https://www.zurichssi.co.jp/　参照。

61)　https://www.zurichssi.co.jp/wp-content/uploads/2022/12/important_v3.pdf　参照。

62)　https://www.zurichssi.co.jp/wp-content/themes/zurich/download/cancel/important_
v1.pdf　参照。

ⅲ　ミニケアキャンプ保険（国内旅行傷害保険）

本商品は国内旅行傷害保険をベースとしつつ、熱中症危険補償特約、賠償責任危険補償特約（レンタル用品補償型）、賠償事故の解決に関する特約、救援者費用等補償特約、携行品損害補償特約などが自動附帯している[63]。

ⅳ　犬のがん保険（骨折・脱臼プラス）

本商品は被保険者がペット（犬）の治療を目的として保険期間中に治療費用等を負担され、次のいずれにも該当する場合、治療費用保険金または診断書等費用保険金を支払う[64]。

> ・ペット（犬）が保険開始日後の保険期間中に被った傷害（けが）による「骨折・脱臼」に対する治療であること、またはペットが責任開始日後の保険期間中に被った疾病による「骨折・脱臼およびがん・良性腫瘍」に対する治療であること
> ・保険期間中に日本国内の動物病院で治療を受けていること
> ・保険期間中に日本国内の動物病院に支払った治療費用等であること

③　特　　徴

チューリッヒ少短は損害保険を中心とするグループでは一般的な賃借人向け家財保険を主力として販売している。ミニケアとの商品名ではあるが水災を免責としているところを除けば業界でも標準的な商品である。チューリッヒ少短はチューリッヒ保険会社の傘下にあり、損害保険分野の事業ドメインにおいてニッチな商品を含む商品を販売する位置付けとなっている。

なお、ペット保険は特徴的であり、ターゲットはペットである犬に限り、また給付面でも、がん、骨折・脱臼を補償するという絞った内容になっている。一般的なペット保険とは大きく異なっている。

63）https://www.zurichssi.co.jp/wp-content/themes/zurich/download/camp/important_v1.pdf　参照。

64）https://www.zurichssi.co.jp/wp-content/uploads/2023/02/pet_important_v2.pdf　参照。

(9) SBIインシュアランスグループ（SBIいきいき少短ほか計5社）

① SBI Holdings

SBI Holdings は傘下に SBI 証券、SBI 住信ネット銀行とともに SBI インシュアランスグループを保有している。SBI インシュアランスグループは、SBI 損保、SBI 生保を保有するとともに少額短期保険持株会社である SBI SSI ホールディングスを傘下に持つ。SBI SSI ホールディングスは5つの少額短期保険業者（SBI いきいき少短、SBI 日本少短、SBI リスタ少短、SBI プリズム少短、SBI 常口セーフティ少短）を傘下に有する。

SBI インシュアランスグループの国内で保険業を行う会社の構成は、**図表 13**(次頁) のとおりである。

SBI 損保[65] は2006年 SBI ホールディングスとあいおいニッセイ同和損保の共同出資により準備会社が設立され、2007年12月に免許取得、翌2008年1月より営業を開始した損害保険会社で、自動車、火災、がん保険を主力とする。

SBI 生保[66] は、1990年にオリエントエイオン生命保険株式会社として設立されたものである。その後、2015年2月に SBI グループが全株式を取得して同年5月に SBI 生保となった。販売商品は終身保険、定期保険、就業不能保険とラインアップは比較的絞られている。

次に少額短期保険業者だが、以下のとおりである。

(i) SBI いきいき少短[67]

2002年に共済会「いきいき世代の会」として設立され、雑誌「ハルメク（旧いきいき）」の読者同士が助け合う仕組みとして、50代以上に必要な保障を揃えた医療共済事業を行っていた。その後2007年11月に少額短期保険業者として登録され、2013年3月 SBI 少短保険ホールディングス株式会社が同社の株式を100％取得し、SBI グループの一員となった。その後2014年6月に SBI いきいき少額短期保険株式会社に社名変更した。取扱商品は死亡保険、医療保険、ペット保険、がん保険である。

---

65) https://www.sbisonpo.co.jp/company/history.html　参照。

66) https://www.sbilife.co.jp/corporate/outline/#history　参照。

67) https://www.i-sedai.com/about/company/history.html　参照。

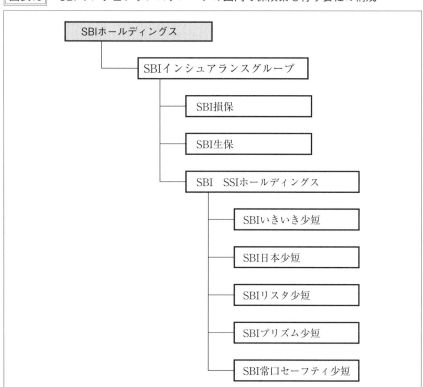

図表13　SBIインシュアランスグループの国内で保険業を行う会社の構成

出典：「2022　SBIインシュアランスグループの現状」より著者作成。

（ⅱ）　SBI日本少短[68]

　同社は、1998年7月に「NJclub共済制度」を開始したことが始まりである。2008年2月に少額短期保険業者として登録され、同年4月に「日本住宅少額短期保険株式会社」として事業開始した。2016年9月にSBIグループに買収され、100％子会社となった。2018年10月に「SBI日本少額短期保険株式会社」に社名変更して現在に至る。取扱商品は賃貸人向け家財保険、バイク保険、自

68）https://www.n-ssi.co.jp/company/history.html　参照。

転車保険である。

　(iii)　**SBI リスタ少短**[69]

　同社は2006年4月に日本地震補償株式会社として設立された。2006年10月に関東財務局第1号として少額短期保険業者として登録された。2012年3月にSBI ホールディングス株式会社が同社株式の82.5％を取得し、SBI グループの子会社となる。2016年11月に SBI リスタ少額短期保険株式会社へ商号変更して現在に至る。メインの商品は地震被災者のための生活再建費用保険である。

　(iv)　**SBI プリズム少短**[70]

　同社は2002年11月に日本アニマル倶楽部株式会社として設立された。2008年1月に少額短期保険業者として登録された。2019年6月に SBI 少額短期保険ホールディングスの子会社となり、SBI インシュアランスグループの傘下に入った。2020年7月に SBI プリズム少短に商号変更し、現在に至る。ペット保険専業の少額短期保険業者である。

　(v)　**SBI 常口セーフティ少短**[71]

　同社は2005年8月に株式会社常口セーフティとして設立された。2008年5月に少額短期保険業者として登録された。2020年12月に SBI 少額短期保険ホールディングスにより100％子会社化され、2022年12月に SBI 常口セーフティ少短に商号変更して現在に至る。主力商品は賃貸人向け家財保険である。

　②　**主な商品**

　(i)　**死亡保険（「SBI いきいき少短の死亡保険」「SBI いきいき少短の持病がある人の死亡保険」）**[72]

　SBI いきいき少短により販売される1年更新の定期保険である。SBI いきいき少短の死亡保険は600万円（少額短期保険業では死亡保障は300万円までだが、本商品は SBI リスタ少短と共同引受け）まで加入できるので葬儀費用準備にとど

69）https://www.sbiresta.co.jp/company/　参照。

70）https://www.sbiprism.co.jp/pdf/sbiprism2022.pdf　参照。

71）https://www.safesafe.co.jp/about/　参照。

72）「2022　SBI いきいき少額短期保険の現状」より。

まらず、ある程度の遺族保障的な利用の仕方も可能と思われる。本商品には11疾病保障特約が付帯され、がんや急性心筋梗塞などにより所定の状態になったときなど特別保険金が支払われる。

SBIいきいき少短の持病がある人の死亡保険は保険金上限300万円までのコースが選択できるが、初年度の6か月以内に死亡した場合は、支払われる保険金額は50％に減額される。

(ⅱ)　**医療保険**（「**SBIいきいき少短の医療保険**」「**SBIいきいき少短の持病がある人の医療保険**」）[73]

SBIいきいき少短の医療保険は入院、手術、先進医療を保障する。うち入院給付金は日額ベースで1000円から1万円までで1日から60日まで日数×日額により保障する。

SBIいきいき少短の持病がある人の医療保険は持病が悪化した場合にも支払われる医療保険で、やはり入院、手術、先進医療を保障する。なお、契約初年度に限り最初の6か月以内の給付金は50％に削減される。

(ⅲ)　**賃貸住宅総合保険2021**（**みんなの部屋保険G4**）[74]

賃借人向けの家財保険であり、**第3章**で述べた標準的商品と大きな相違はない。特徴としては、SBI日本少短と、SBI常口セーフティ少短とが共同引受けにより賠償責任が上限2000万円まで補償される点、転居による移動時は転居前の借用戸室も一定期間補償対象とするといった点が挙げられる。

(ⅳ)　**リスタ：地震被災者のための生活再建費用保険**

法人契約および団体契約・集団扱いでの契約に限定されているSBIリスタ少短による商品である[75]。被保険者のすまいが全壊した場合に300万～900万円の間で選択した保険金が支払われる。建物の地震保険とは異なり、あくまで全壊した住居に居住していた人の生活再建費用を補てんする商品である。

---

73)「2022　SBIいきいき少額短期保険の現状」より。

74)「2022　SBI日本少額短期保険の現状」参照。
　　https://www.n-ssi.co.jp/pdf/company/disclosure/2022.pdf

75)「2022　SBIリスタ少額短期保険の現状」参照。
　　https://www.jishin.co.jp/asset/shared/company/disclosure/disclosure2022.pdf

　このほか震度 6 強以上の地震が発生した場合に 5 万円、すまいが全壊した場合に30万円のお見舞金を支払うミニリスタ：地震被災者のための生活支援費用保険がある。

（ⅴ）　**ペット保険（プリズムコール、プリズムペット、愛情ふるふる保険）**[76]

　プリズムコールはすでにペットを迎えている方向けの商品で犬・猫・小動物・鳥類・爬虫類が補償対象となる。上限はあるものの通院、入院、がん手術、葬祭費用、診断書費用などを100％補償する。

　プリズムペットはプリズムコールで給付されるがん手術や葬祭費用などを省いたライトプランになっている。

　愛情ふるふる保険は譲渡会などでペットの譲渡を受けた方向けの商品である。犬と猫が補償対象で、先天性障害等補償特約も附帯している。

③　特　　徴

（ⅰ）　**幅広くカバー**

　全体として少額短期保険業者で幅広い保険カバーを提供している。また、少額短期保険業者が相互に送客をすることでシナジーを獲得することも目的としている。

（ⅱ）　**死亡保険・医療保険**

　死亡保険、医療保険は伝統的な商品と大きな違いはない。これは既存の少額短期保険業者を子会社化したことにもよるのであろう。また、すでに家財保険（住宅総合保障）分野で子会社化していた SBI 日本少短に加えて、SBI 常口セーフティ少短を子会社化したのは、少額短期保険業者への一社当たりの上限保険金額を超えた補償を提供するとともに、SBI 日本少短の保険料が上限である50億円程度まで大きくなってきたという事情があるからとも思われる。

（ⅲ）　**生活再建費用保険**

　特徴的なのは SBI リスタ少短の地震被災者のための生活再建費用保険である。もとより大規模地震が頻発する日本において地震による家屋倒壊の損害を

76）「2022　SBI プリズム少額短期保険の現状」参照。
　　https://www.sbiprism.co.jp/pdf/sbiprism2022.pdf　参照。

補償するのは大変困難であり、損害保険業界では「地震保険に関する法律」に基づき、政府と損害保険会社が共同で運営している。すなわちバックに政府がつかないと民間会社だけではリスクを受けることが難しい。生活再建費用に限定するといっても大規模な地震が来た場合に経営の健全性が保たれるのかが課題となろう。この点、地域により保険料が異なるなどの工夫が見られる。ニーズは高く、公共性も高いといえよう[77]。

(iv)　ペット保険

SBIグループでは、ペット保険も充実している。一般にペット保険は50％や70％補償のものが多いが、SBIプリズム少短のプリズムコールの補償率は100％であるうえ、爬虫類までカバーされている。

⑽　楽天グループ（楽天少短）

①　グループ構成

楽天グループの保険事業は楽天インシュアランスホールディングス株式会社の下、行われている。同社は2018年7月に設立され、同社の傘下には楽天生命、楽天損保、楽天少短、そして楽天保険の総合窓口（楽天インシュアランスプランニング）がある。楽天グループの国内で保険業を行う会社の構成は、**図表14**のとおりである。

楽天生命[78]は2008年8月に「アイリオ生命保険株式会社」として生命保険業の免許を取得し、同年10月に営業を開始した。楽天とは2010年7月に資本・業務提携をしたのち、2012年10月に子会社化された。2013年4月に楽天生命保険株式会社に商号変更し、現在に至る。商品としては、さまざまな医療保険を主力とし、そのほか終身保険、定期保険、総合保障保険、災害保障保険などを販売している。

楽天損保[79]は1951年2月に野村証券や大和銀行等の出資により、「朝日火災海上保険株式会社」として設立され、同年3月に営業免許を受け、事業を開始

77）この点、2021年の当期純利益がマイナスの10億円となっていることが懸念される。

78）「楽天生命の現状2022」より。

79）「楽天損保の現状2022」より。

　楽天グループの国内で保険業を行う会社の構成

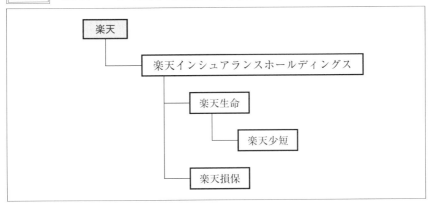

出典：「楽天インシュアランスホールディングスの現状」より著者作成。

した。その後、2018年3月に楽天グループの子会社となり、同年7月に楽天損害保険株式会社と商号変更し、楽天インシュアランスホールディングスの子会社となった。自動車保険、火災保険を中心にペット保険や自転車の保険、レジャー保険などを販売している。

　楽天少短[80] は2003年に「有限会社ペットライフ」として設立、2008年3月に少額短期保険業者として登録され、「もっとぎゅっと少額短期保険株式会社」として同年4月から営業を開始した。2018年3月に楽天の関連事業会社となり、同年5月に楽天少額短期保険株式会社に商号変更をした。同年7月に楽天の保険関係会社5社で楽天インシュアランスホールディングスを設立し、その子会社となる。さらに2022年4月にすべての個人向けペット保険事業を楽天損保に移転し、株式交換によって楽天生保の子会社となった。

②　少額短期保険業者の主な商品

　上述のとおり、個人向けペット保険は楽天損保に移転したため、ペット保険は団体扱いのみを取り扱っている。そのため楽天少短の現在の主力商品は「糖尿病のほけん」である。

80）「楽天少額短期保険の現状2022」より。

「糖尿病のほけん」は過去3か月以内に医師に入院・手術を勧められたことがあるかなど4項目の告知で加入が可能になる。保険期間1年で保険期間中に入院したとき、および所定の障がいになったときに保険金を支払う保険である。保険金としては入院したときに一時金として5万円を支払う入院一時給付金、糖尿病で入院をしたときに入院支援金として5万円を給付する糖尿病入院時支援金、および手指を失うなど所定の障がい状態に該当した場合に50万円を支払う糖尿病障がい支援金がある。

③　特　　徴

楽天グループの大きな特徴としては、ペット保険を専業としていた少額短期保険業者を子会社化したのであるが、ペット保険事業はグループ内の楽天損保に移転してしまい、生命保険あるいは医療保険分野の事業革新の枠組みとして活用しようとしているところである。

商品は糖尿病と診断されたことのある人や高血糖の人といった、ターゲットがかなり明確化・細分化されている。伝統的な医療保険とは異なり、簡易な告知で健康に不安のある人にも加入しやすい方式を採用している。そして糖尿病により入院や障がい状態に該当したときに給付金が出ることが大きな特色となっている。

第5章
少額短期保険業者の現状と展望
——ICT 進展を中心に

　少額短期保険業界の規模はいまださほど大きいわけではないが、業界としては順調に成長してきている。今後はどうなるのであろうか、将来を予測することは難しいので、まずは少額短期保険業者の事業の現在地を確認する作業を行う。

　少額短期保険業者は、少額かつ短期、そして小規模であるため、大規模な宣伝活動や多人数の事務組織による重厚な事務工程を組み込むことが困難である。

　そうすると Information and Communication Technology（ICT）を活用して、軽量でかつニーズにこたえる商品の展開、顧客体験の向上が重要になる（インシュアテック）。

　本章ではまず、デジタルトランスフォーメーション（DX）がどのようなものかを簡単に概観し、IT と保険について調査報告した IAIS 報告書、OECD の2017年報告書、同じく OECD の2020年報告書のポイントを解説しつつ、インシュアテックと保険のかかわりを検討する。

　そして、日本の少額短期保険業者で実現しているインシュアテックを解説し、今後の展望を最後に述べることとする。

1 ┃ 総　論

　少額短期保険業は日々進化しており、本書執筆中も新商品や新サービスが
次々に発売され、他方で既存商品の販売終了が行われている。また、少額短期
保険業社の買収や合併、事業譲渡なども毎年のように行われている。このこと
は生命保険業界に身を置く著者としては驚くべきことである。生命保険商品は
販売を開始したら短くても10年は販売を継続することであろう。他方、「とり
あえず商品を市場においてみて、その結果によってその商品をどうするかを考
える」という趣旨の話を損害保険業界の商品開発の方からうかがったことがあ
るが、その意味では、少額短期保険業は短期契約が原則の損害保険業に近い性
格を有しているように考える。

　現状が流動的な中で、業界の展望を総合的に語るのは困難である。そこで、
第5章では少額短期保険業を中心とする保険業における ICT の進展、あるい
はインシュアテックをめぐる業界の動向を紐解くこととしたい。

　なお、インシュアテックは保険業全体に関係するものであるが、特にデジタ
ルに特化した少額短期保険業において特に期待されるものである。

(1)　デジタルトランスフォーメーション

　まず、デジタルトランスフォーメーション（DX）である。マスメディアに
この言葉が載らない日はないほど人口に膾炙するようになった用語である。最
初にこの用語の本書における意味をいったん定めておきたい。参考にするのは
「情報通信白書令和3年版」[1] である。白書では政府の使う意味としてのデジタ
ルトランスフォーメーション、デジタイゼーション、デジタライゼーションを
定義している。

　「デジタルトランスフォーメーション」とは、「企業が外部エコシステム（顧

1）総務省。
　https://www.soumu.go.jp/johotsusintokei/whitepaper/ja/r03/pdf/01honpen.pdf 参照。

客、市場）の劇的な変化に対応しつつ、内部エコシステム（組織、文化、従業員）の変革を牽引しながら、第3のプラットフォーム（クラウド、モビリティ、ビッグデータ／アナリティクス、ソーシャル技術）を利用して、新しい製品やサービス、新しいビジネスモデルを通して、ネットとリアルの両面での顧客エクスペリエンスの変革を図ることで価値を創出し、競争上の優位性を確立すること」[2] とされている。

そのほかのデジタル化の範疇に含まれる概念として「デジタイゼーション」と「デジタライゼーション」がある。

「デジタイゼーション」は、「既存の紙のプロセスを自動化するなど、物質的な情報をデジタル形式に変換すること」であり、「デジタライゼーション」は「組織のビジネスモデル全体を一新し、クライアントやパートナーに対してサービスを提供するより良い方法を構築すること」である[3]。

つまり、たとえば保険業でいえば、顧客からの申込書や給付金請求書を紙以外でのデジタルでの定型フォームで提出できることとして、デジタルデータとして申込査定や給付金査定を行うことが「デジタイゼーション」である。

また、申込みから給付金支払いまでを完全デジタル化し、保険加入から支払いまでを一貫してスマホで完結するようにし、顧客により良い方法でサービスを提供できるようにすることが「デジタライゼーション」に該当するものと思われる。

そして、AIやビッグデータを活用することによって、たとえば、今まで保険加入できなかった顧客に新たに保険加入を可能にするようにしたり、保険料が健康状態によって変動するようにしたり、今まで存在しなかった保険商品を提供したりすることを通じて、結果として価値が変革され、競争上の優位を獲得できるようになるのであれば、「デジタルトランスフォーメーション」と認識してよいものと思われる。

保険におけるデジタイゼーション、デジタライゼーション、デジタルトランスフォーメーションの3フェーズのイメージは**図表1**（次頁）のとおりであ

2）総務省・前掲注1）79頁参照。
3）総務省・前掲注1）79頁参照。

図表1　デジタル化の3フェーズ（イメージ）

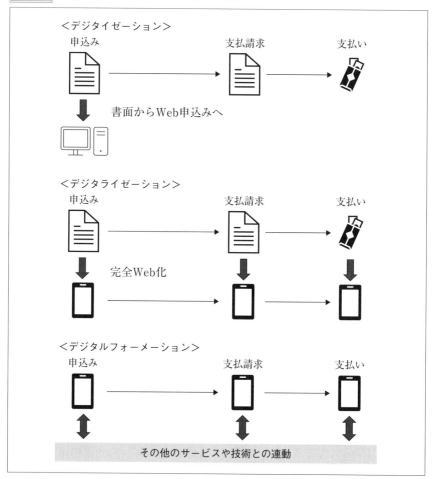

る。

　ところで企業としては「デジタルトランスフォーメーション」を目指して改革を行うことを志向すべきとは思うものの、価値の変革とまでいえるものを現出できるかどうかは取組み内容と環境によることも多いと考えられる。白書で強調されているのは、これまでは「企業活動における ICT 投資は業務効率化

のための投資へと向かいやすく、新たな価値の創出による生産性向上へと向かうことは少なかった」という認識であり、「デジタルを業務効率化のためだけのツールとして実装するのではなく新たな価値の創出に活用することによって競争上の優位を確立させる『デジタルトランスフォーメーション』の実行がこれまで以上に求められている」ということである[4]。

　新たな価値を創造できること、またその価値が社会的にも重要と思われるようなものであることを達成するのは容易ではないであろう。

Topic 4　　　　　　　　　　　クラウドサービス

　少額短期保険業者、特に近時新規参入した業者は自社でサーバーを保有・管理する（＝オンプレミス）ことはせず、保険クラウドでソフトウェアを稼働するところが多い。クラウド（クラウド・コンピューティング）とは、インターネットなどのネットワーク経由でユーザーにサービスを提供する形態である。インターネットなどのネットワークに接続されたコンピューター（サーバー）が提供するサービスを、利用者はネットワーク経由で手元のパソコンで利用するものである。オンプレミスとクラウドのイメージは、図表2（次頁）のとおりである。

　保険クラウドとは保険の基幹システムなどのアプリケーションまで組み込んだクラウドコンピューティングサービスを提供するもので、いわゆるSaaS（Software as a Service）型クラウドの一種である。SaaS型クラウドでは、少額短期保険業者は自社システムを持つ必要もなく、またアプリケーションもクラウド側で用意されているので、事業開始や商品開発にあたっての開発期間を短縮・コストも削減できる、

　保険クラウドの事例としては、株式会社Finatextが2020年9月より保険クラウドを対外的に提供している[5]。Finatextが提供するのは、保険事業向けDXソリューションSaaS型デジタル保険システム「Inspire」であり、契約申込みや保険金請求を受け付ける顧客フロント、商品や申込管理、顧客管理、保険金請求処理を行う基幹システム、および保険事業者サイドの管理コンソールからなっ

---

4 ）総務省・前掲注1 ）75頁参照。

5 ）https://finatext.com/solution/industry/inspire/　参照。

ている。基幹システムはデータベースを持っており、また外部の収納代行システムなどと連動する。

　なお、同社の2022年4月5日プレスリリースでは、ニッセイプラス少短の基幹システムとして、同社が提供するSaaS型保険基幹システム「Inspire」の導入が完了し、同日から稼働を開始したことを告知している[6]。

　もう1つの事例は　justInCase Technologiesの提供する「joinsure」である。この「joinsure」にはSaaS型のクラウドサービスで保険募集システム、契約管理システムおよび保険金請求管理システムがある。少短向けのクラウドである「joinsure for 少短」のサービスはあすか少短、アクア少短、イオン少短などが導入している[7]。

　また、東京海上グループの少額短期保険業者であるTokio Marine Xにも「joinsure」が採用されている[8]。

図表2　オンプレミスとクラウドのイメージ

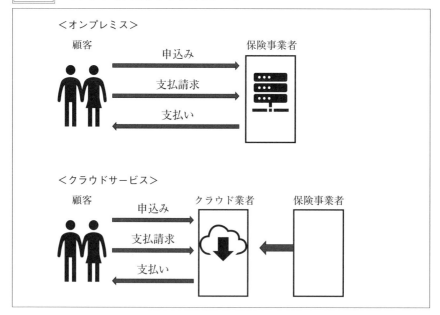

6）https://finatext.com/news/20220405/　参照。

⑵ デジタルディスラプション

白書では「デジタルトランスフォーメーションは、自社にとどまらず、業界や社会全体を巻き込んだ破壊的変化を伴うことがある。このため、デジタル企業が市場に参入した結果、既存企業が市場からの退出を余儀なくされる事例が出ている。これをデジタルディスラプション（デジタルによる破壊）という」ということを指摘している[9]。

白書で挙げられている事例では⒤Amazon を代表とするインターネット通販サービスの台頭により、大手の小売業者が経営破綻したこと、⒤Netflix などのインターネット動画配信サービスが登場したことで大手レンタルビデオ・DVD チェーンが倒産に追い込まれたこと、⒤タクシー配車サービスの Uberや民泊仲介サービスの Airbnb といったシェアリングエコノミーの出現が既存の業界に破壊的な打撃を与えた、というものである[10]。

雑駁にいえばゲームのルールが変わったことでプレーヤーそのものも変わったということである。新規のビジネスである少額短期保険業界における商品・サービスの開発で保険マーケットのゲームのルールが変わったといえるだけのインパクトを与えたのかどうかという視点が重要である。

デジタルトランスフォーメーション、あるいはデジタルディスラプションのような点に関して保険業との関係を検討したものとして、2017年に IAIS（保険監督者国際機構 International Association of Insurance Supervisors）が発行した報告書"Fintech Development in the Insurance Industry"[11] および2017年と2020年のOECD の報告書がある。次項以降ではこれらの報告書の要点を本章に必要な範囲において解説する。

---

7) https://prtimes.jp/main/html/rd/p/000000026.000046872.html 参照。

8) https://prtimes.jp/main/html/rd/p/000000024.000046872.html　参照。

9) 総務省・前掲注 1) 80頁参照。

10) 総務省・前掲注 1) 80頁参照。

11) Fintech Development in the Insurance Industry 参照。
　　https://www.iaisweb.org/uploads/2022/01/Report_on_FinTech_Developments_in_the_Insurance_Industry.pdf

2 ｜ IAIS 報告書

(1)　インシュアテック

　IAIS 報告書（以下、本項では単に報告書という）ではインシュアテックはフィンテックであって、そのうち保険に特化した部分（branch）であると位置付けている。その前提としてフィンテックとは「技術的に可能となった金融イノベーション」であり、それは「金融市場や金融機関および金融サービスの提供に関連する重要な影響を及ぼす新しいビジネスモデル、アプリケーション、プロセス、または製品をもたらしうるもの」のことであると説明されている[12]。インシュアテックとは ICT 技術の発展を保険に適用したものと要約できるであろうが、この報告書では、インシュアテックの技術の向上により、どのような保険業の姿が今後現出していくのかを提示している点が重要である。

(2)　インシュアテックの促進要因

　報告書ではインシュアテックの促進要因として供給側要因と需要側要因とがあるとしている。骨子は以下のとおりである[13]。

> 供給側要因
> ・伝統的に銀行業務テクノロジーへの投資家は類似分野のベンチャーへの投資へと拡大することにより興味を抱くようになっていること
> ・テクノロジー企業と起業家は、銀行分野の競争が激化し、収益が減少するとともに保険に注目し始めていること
> ・より多くの接続機器とより詳細で力強い分析能力によって保険契約者の行為に関する理解が向上してきていること
> 需要側要因
> ・若く、常時『ネットに接続している』世代の登場が、現在・将来の保険

---

12)　IAIS・前掲注11)　9頁参照。
13)　IAIS・前掲注11)　10頁参照。

> 契約者との関係構築についての概念を変えつつあること
> ・ほとんどの保険会社は高度に競争的な市場にあり、継続的に保険料率に
> 圧力がかかっている。技術を通じた顧客の引き留めとバックオフィス機
> 能の電子化は多くの保険会社の中心戦略であること

　すなわち、保険事業の在り方も ICT 技術の進化により大きく変容が可能と
なっており、そのもとに重要な投資チャンスがあるという供給側の事情と、技
術の進展とともに人々の生活も大きく変化したという需要側の事情がそろって
インシュアテックを不可逆的に進行させるものと位置付けている。

(3)　インシュアテックに該当する技術

　この技術に関する主なイノベーションは以下のとおりである[14]。

> ①　デジタルプラットフォーム（インターネット、スマートフォン）
> ②　インターネットオブシングス（IOT）
> ③　テレマティクス／テレメトリ
> ④　ビッグデータとデータ分析
> ⑤　比較サイトとロボアドバイザー
> ⑥　機械学習と AI
> ⑦　分散台帳技術（ブロックチェーン）
> ⑧　P2P、利用ベース、オンデマンド保険

　これらについて報告書では解説を加えていないが、それぞれを以下で簡単に
解説をしたい。

　まず①デジタルプラットフォームであるが、これはたとえばスマートフォン
にアプリケーションをダウンロードし、そのアプリケーション上で申込みから
請求、さらには支払いまで一貫してアプリケーション上で完了するようなもの
を指す（前掲図表１参照）。

　②インターネットオブシングス（IOT）の例としては、インターネットと物
がつながったものを指し、たとえばインターネットと時計とがつながっている
スマートウォッチなどが挙げられる。生命保険会社ではあるが、住友生命がス

14）IAIS・前掲注11）11〜12頁参照。

図表3 IOTの例

図表4 テレマティクス保険（イメージ）

図表5 ビッグデータ（イメージ）

保険料へ反映

マートウォッチにより取得される個人の健康情報等で保険料が変動する商品を販売しているのは周知のとおりである（図表3）。

　③テレマティクスとは、主には自動車保険で実現されているもので、自動車に設置されている端末で走行距離や運転の丁寧さなどの運転情報を計測したものを保険会社が取得し、その結果から運転者の事故リスクを分析して保険料を算定するような保険である（図表4）。損害保険会社では、あいおいニッセイ同和損保やイーデザイン損保などが販売をしている。

　④ビッグデータは、たとえば大量の医療情報（データ）を収集・分析し、保険に活用するものである。このことにより、特定の疾病が死亡率に影響が少ないなどの特徴を把握することで、持病を持っている人でも安価な保険に加入することができるようになる（図表5）。

　⑤ロボアドバイザーとは、人工知能（AI）を活用し、顧客がいくつかの質問に答えることで最適な商品を提案できるシステムのことを指す（図表6）。保険分野でも普及が進みつつある[15]が、少額短期保険業者専用のロボアドバイ

| 図表6 | ロボアドバイザー（イメージ） |

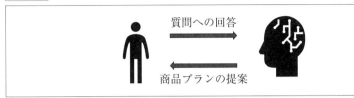

質問への回答

商品プランの提案

| 図表7 | 人工知能（イメージ） |

査定情報入力 ➡ 査定結果の出力

ザーが出現する可能性は低いように思われる。

　⑥人工知能（AI）は生成 AI である ChatGPT の登場により一気に普及したようであるが、保険業界でも従来から活用している。たとえば給付金の支払査定に AI を利用したり、あるいは顧客との応対に AI を利用したチャットボット（AI が人のように受け答えをするシステム）を活用したりする事例である（**図表7**）。

　⑦ブロックチェーンは、ビットコインやイーサリアムといった仮想通貨あるいは暗号資産が有名である。特定の中央管理者を持たず、分散した多数のサーバーで台帳が同内容で管理されるため分散型台帳技術と呼ばれ、偽造・変造が困難であるという特徴を有する。特にイーサリアムは、その経済的価値とは別に情報や契約内容などのデータを記録・保存ができる。このことにより、特定の情報（一定の保険金の支払情報）などが偽造・変造を受けずにやり取りすることができる（**図表8（次頁）**）。たとえば一定の事故に関する情報をブロックチェーンで管理することにより、異なる保険事業者間での不正請求や過剰請求などを検知・予防することができる。

15）たとえば保険市場 https://www.hokende.com/robo　参照。

図表8　ブロックチェーンによる情報のやり取り（イメージ）

保険料へ反映

図表9　P2P保険（イメージ）

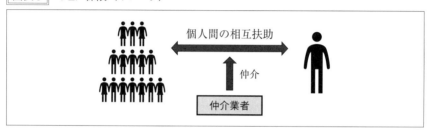

個人間の相互扶助

仲介

仲介業者

　また、自動で契約を締結・執行するスマートコントラクトもブロックチェーンを用いて行うことが可能である。

　⑧P2PとはPeer to Peer保険のことであり、個人同士がつながって相互扶助を行う形態での保険である。この場合、個人を仲介する仲介業者は個人同士のつながりをアレンジし、金銭のやり取りを支援する（図表9）。仲介業者が保険事業者である必要があるかどうかは、P2Pの仕組みによる。またオンデマンド保険とは、保険が必要な際に必要なだけ付保することができるものを指す。

⑷　IAISが想定するシナリオ

①　シナリオ1[16)]

　「このシナリオでは、保険のバリューチェーンは基本的に保険会社に残る。製品開発、流通、引受、保険契約管理、顧客とのやり取りは、保険会社が社内で行うか、外部に委託するかのいずれかである。顧客の観点からは、保険会社は引き続き主要な提供者である。このシナリオは、従来の既存企業とは関係の

16）IAIS・前掲注11）224頁参照。

ない InsurTech スタートアップの参入に対する自然な、社会的、規制上、または資本の障壁が存在することの結果である可能性がある。企業買収、コーポレートベンチャー、または内部革新イニシアティブを通じて、既存企業は消費者の最前線に留まることを達成することができる」とする。このシナリオでは保険会社がイニシアティブを握り続け保険マーケットにおける主要プレーヤーとして存在する、そして、業務（バリューチェーン）の一部を ICT で高度化するか、テクノロジー企業に外部委託するにとどまるものである。

この場合、市場への影響として報告書では以下の３点を指摘している[17]。

> （ⅰ）一般に保険会社間の選択が進むことが予想される。高水準の資本を有する世界的企業や、技術に精通し、より柔軟性を有する保険会社が有利になる可能性がある。一般的に市場の競争性が低下することが予測される。
>
> （ⅱ）インシュアテックスタートアップ企業間の選択も進むことが予想される。これら企業は保険会社のターゲット顧客を引き付け、維持する手助けをしなければならない。
>
> （ⅲ）自動運転車やテレマティクスの重要性が高まっている自動車保険では、保険会社は自動車メーカーとの連携が期待される。その結果、保険会社が収集し、保管する個人データの量が大幅に増加し、保険会社と顧客との関係がより信頼に依存することとなる。

このようなシナリオのイメージは、**図表10**のようなものであろう。

上記で述べたとおり、シナリオ１では保険会社がテクノロジー企業の技術を自社ビジネスに組み込む形で業務の IT 化を進めるものであるが、一般論でい

| 図表10 | シナリオ１のイメージ |

IT企業　保険会社

17）IAIS・前掲注11）224頁参照。

えば日本の少額短期保険業界では、このシナリオ１の途中段階にあると見ることもできる。ただ、市場で選択が進み、集中が進むことについては大きな問題がある。ポイントの１つは少額短期保険業者の保険料が年間50億を超えることができない点である。

　この点、生保型、あるいは損保型に特化している少額短期保険業者の場合は、保険会社に業態変更して規模を拡大することが考えられる、いくつかのペット保険を専門に扱う少額短期保険業者が損保会社となったのがそのような事例であろう。生損保兼業タイプの商品を提供している少額短期保険業者はそのような選択肢はないことになる。

②　シナリオ2[18]

「このシナリオの下で、専門技術企業は、提供される他のサービスの一要素としての保険の存在が、ますます小さいものとして考える顧客と関係を確立することに成功する。複数のプラットフォーム／顧客と複数の接点をまたがって収集されたデータの洗練された分析は、顧客とのインターフェースを担うテクノロジー企業によって実行されて、保険会社はクレーム処理のみに集中する。保険会社は究極のリスクキャリアであり続けているが、提供する多くの製品は無印であり、保険会社はますます重要視されなくなる。保険会社が誰なのか、顧客はもはや知らない（気にしない）かもしれない」とする。

　この場合、市場への影響として、報告書では３点を指摘している。以下はその骨子である[19]。

> （i）　自動車保険では、自動車メーカーと協力するテクノロジー企業は、自動車そのもの、およびライフスタイルの選択を提供する（＝インフォテインメント）というように、消費者との交流を増やす可能性がある。このシナリオでは、保険は製品（すなわち車両）と一緒に販売されるか、インフォテインメントサービスパッケージの一部として販売される可能性がある。保険会社は、サービスに組み込まれている保険リスクを得るために、これ

18）IAIS・前掲注11）24頁参照。
19）IAIS・前掲注11）24頁参照。

らのテクノロジー企業と取引する。最悪のシナリオ（保険会社にとって）
では、テクノロジー企業は必要最小限の保険金請求データしか提供しない。
(ⅱ) 財産保険では、テクノロジー企業は、消費者のための全体的な安心ライ
フスタイルのパッケージのための必要なサービスを提供する。これはボイ
ラーのメンテナンスからオンデマンド映画や音楽まで、あらゆるものをカ
バーすることができる。このシナリオでは、凍結のリスクを評価するため
にパイプにモニターを取り付けたり、ガス漏れのために調理器にモニター
を取り付けたりすることがサービスに含まれる可能性がある。この保険商
品は、リスクのレベルの低下を反映してますます重要視されなくなる。
(ⅲ) 医療保険では、テクノロジー企業が消費者のアクティブで健康的なライ
フスタイルを促進するパッケージ全体の必要なサービスを提供する。これ
は、フィットネスプログラムの提供、レシピの推奨、従来の医療保険関連
の健康診断の提供など、あらゆるものをカバーする可能性がある。このシ
ナリオでは、潜在的な保険リスクを軽減するために、サービスは顧客が着
用するモニター（「ウェアラブル」）に依存している。保険商品は、リスク
の軽減レベルを反映してますます重要視されなくなっている。

シナリオ2のイメージとしては、**図表11**のようなものであろうか。

シナリオ2ではテクノロジー企業のほか他のサービスを本業とする企業が前
面に出てくる。対顧客という側面ではテクノロジー企業等と保険会社は並列に
並ぶか、あるいは保険会社が後ろに下がる形になる。保険は「保険」として単
体で販売されるのではなく、サービスや商品の一部を構成するものとして販売
される。

ただ、このシナリオでは自動車販売後の自動車運転を中心とするライフサ

図表11 シナリオ2のイメージ

ポート企業、すまいの安心サポート企業、健康増進・維持サポート企業などの出現、一般化が前提とされている。たとえばスマートウォッチで日常的な体調管理をするサービスなどが登場してきているなど、これらサービス企業の事業展開は散見されるものの、保険サービスを吸収するほど一般化しているとはいいにくいのではないだろうか。

　ただし、このシナリオに関しては、後述するエンベデッド保険ではたとえば航空機のチケット等を購入するという一連の流れ（購入体験）の中でワンクリックで加入できるものであるため、このシナリオのもとにある保険サービスに似た仕組みになっているものと考えられる。

③　シナリオ3[20]

「このシナリオでは、巨大なテクノロジー企業（Big Technology Firms：BTF）が保険要素をシームレスに統合する製品を提供し、それによって保険のバリューチェーン全体を獲得する。保険料は他のサービスに組み込まれているか、消費者のライフスタイルパッケージの一部として組み込まれている。高度なデータ分析とコネクテッドデバイスの普及拡大により、BTF は強化された保険金請求防止策を開発することができ、それによって従来の保険会社よりもアンダーカット（安値）で競争力を高めることができる。」とする。

　この場合、市場への影響として報告書では以下の点を指摘している。以下はその骨子である[21]。

> （i）財産保険では、BTF は保険商品を販売するために、現代のコンピューティング能力とデジタルネイティブの IT システムに加えて、人口の増加する層（GAFA やニューエコノミーの他の関係者が既存の人々よりも信頼されていることが多いミレニアル世代）の「信頼資本」／「ブランド認識」を使用する。場合によって、彼らが提案する他のサービスからはあまり識別できないこともある。彼らは、資金力とデータマイニングとデータ管理のスキルを使って、保険リスクを自ら引き受けることさえあるかもしれない。

20）IAIS・前掲注11）26頁。
21）IAIS・前掲注11）26〜28頁。

(ⅱ)　自動車保険については財産保険よりも GAFA 等が参入するインセンティブが生ずるのにはかなりの時間がかかる。それは自動車保険の利益が小さいためと、自動車保険の運営上の問題によって、利益を生むのに十分なサイズに達するために分散してコストのかかる技能が要求されるためである。ただし、自動運転車が大規模に使用されるようになった場合には、自動運転車を販売する会社が自社の顧客とリスクに関する知識を活用して、次世代の自動車保険―少額であるが、低損害率と低変動率―がどのようなものかを把握することとなる。

(ⅲ)　健康、遺伝、生命倫理、違法な医療行為に関する規制を別にすると、GAFA 型のテクノロジー企業は当然のことながら健康保険の分野でも活躍しうる立場にある。実際、通常はこれらの社会的ネットワークと相互に接続されている社会的ネットワークや接続された健康オブジェクト（ウェアラブル、経口など。）を介して、健康リスクに影響を与える行動やパラメーターの正確な知識を同時に得ることができ、その予防にも貢献することができる。これは例えば、人々の高品質の自撮りによる特定の病理の確率の評価などを通じて行われうる。

　このシナリオ 3 のイメージは、**図表12**のようなものであろうか。

　このシナリオでは保険会社は BTF の提供する商品・サービスのパーツの一部を受け持つにすぎなくなる。あるいは保険会社の形態をとっていないかもしれない。顧客は BTF の商品・サービスを買っている認識があるが、個別の商品としての保険に加入しているという認識は生じない。

　このシナリオでは BTF が出てくるが、日本ではプラットフォーム事業者として、たとえば楽天グループが少額短期保険業者を含む保険事業に進出してい

図表12　シナリオ 3 のイメージ

IT企業（BTF）　　　保険会社

保険会社が存在しているかどうか不明
?

るという事例がある（詳細は**第４章**を参照）。ただし、楽天グループでも楽天少短は少額短期保険業者として前面に出て契約を行っているように、パーツのみの提供という仕組みにはなっていないということがある。また、プラットフォーム業者としては Frich が P2P プラットフォームを運営して、さまざまな相互扶助（たとえばいなくなった犬・猫の捜索など）の仕組みを提供している。そのサービスの中に保険を活用するものがある（後述）。

　以上のように、IAIS 報告書では、保険業におけるデジタルトランスフォーメーションを３つのシナリオに分けて検討している。一般には日本の少額短期保険業ではシナリオ１の実現段階に入っていると考えられる。ただし、上述の Frich のケースや後述する（5「少額短期保険におけるインシュアテック」）、justInCase の保険 API®（保険 API は justInCase の登録商標）によって、共通のポイントサービス「ポンタ」のプラットフォームで保険を提供していることなどシナリオ２に近い動きが出てきていることが注目される。

3 | 2017年 OECD 報告書

(1) 総 論

　次に、OECD（経済協力開発機構）の2017年報告書「保険セクターのテクノロジーと革新」[22]（以下、本項では2017年報告書という）でもインシュアテックを取り上げている。以下、概要を解説する。

　「1. はじめに」[23] ではインシュアテックについて「（保険分野での）新たなサービス提供方法の可能性と、より良いリスクの特定と削減に結び付くデータ収集のより大きな機会を与える技術の発展をインシュアテックと呼ぶ」とする。そして、フィンテックと比較して、個人のサービス改善に関係することが多いとする。

　「1. はじめに」では実現するかどうかにかかわらず、いくつかのインシュアテックの事例が挙げられている。以下はその骨子である[24]。

---

① 保険金請求がオンラインプラットフォームを介して処理でき、処理時間が短縮される。

② 比較サイトではさまざまな保険商品の商品比較が可能となる。

③ シェアリングエコノミー（ウーバーの運転手）に対して補償を提供する必要がある。

④ ビッグデータとブロックチェーンは多くの保険に関する技術論の主要なトピックとなっている。

⑤ 保険販売にかかわる多くの保険スタートアップは、よく発達した内容のサイトを有しており、人工知能やロボアドバイスの適用を伴うことが多い。

　これらの事例は上述の IAIS の報告書と内容は類似しているが、技術そのも

22）https://www.oecd.org/pensions/Technology-and-innovation-in-the-insurance-sector.pdf
　　参照。

23）OECD・前掲注22）　8頁。

24）OECD・前掲注22）　8頁。

のを提示するよりも、技術の用いられ方を中心に据えて述べている。

⑵　インシュアテックの技術

　2017年報告書では、インシュアテックに関する技術について紹介されている。以下はその骨子である[25]。上記の IAIS にかかわる説明と若干被るが、より理解が深まると思われるため、掲載する。

> ①　モバイル技術とアプリケーション　スマートフォンとインターネットアクセスはアプリの使用に基づくイノベーションを可能にする。そのためには、ショートメッセージとプリペイド式携帯電話を許可するモバイルネットワークと大規模なデータ転送が必要になる。このような技術を利用する事業者には BIMA（後述）がある。
>
> ②　人工知能、アルゴリズム、ロボアドバイス　人工知能とは機械によって提示される知能のことを言う。機械が知的であると考えられるのは、機械が環境を考慮に入れ、与えられた目標を達成する可能性を最大化するための行動をとるときである。
>
> 　アルゴリズムとは AI の一部であって、所与の条件下である仕事をこなすためのコンピュータープログラムが一連のステップにより構成されていることをいう。よく知られているアルゴリズムは道路ナビゲーションやコンピューターチェスゲームなどがある。
>
> 　ロボアドバイス、すなわち自動化されたアドバイスは、特にオンライン投資と貯蓄のプラットフォームで顕著になりつつある。ロボアドバイスは基本的により効率的に助言を行う能力を有するオンライン自動助言モデルである。保険分野では、ロボアドバイスは投資管理のために開発されてきたが、現在では、アルゴリズムによって計算された助言と提案を伴うによる見積もり（quotes）について、より使用されるようになっている。
>
> ③　スマートコントラクト　スマートコントラクトとは、それ自体を実行または執行することができる契約を指す。これらは、印刷された文書に法律用語ではなく、コンピュータまたはコンピュータのネットワーク上で実行できるプログラミングコードとして書かれている。スマートコントラクト

25）OECD・前掲注22）11～12頁参照。

は、通常はインターネットを使用して、仲介者として機能する大規模な中央集権的なサイトを必要とせずに、見知らぬ人と取引やビジネスを行うことを可能にする。スマートコントラクトは、分散型台帳技術（Distributed ledger technology, DLT）により実現されるが、特にイーサリアムのような暗号資産をプラットフォームとして実施される。

④　ブロックチェーン /DLT　ブロックチェーンまたは分散型台帳技術（DLT）は、仲介者を必要としない、インターネットを介した価値またはデータの交換のためのプロトコル（手順）である。ブロックチェーン技術のプロトコルは、取引やその他の情報の共有された暗号化されたデータベースを作成することである。具体的には個々の取引内容（データ）を一連として、チェーンのようにつなげていくものである。

2017年報告書に挙げられているインシュアテックに関する技術は IAIS の取り上げている技術とほぼ同様である。

(3)　保険仲介・流通モデル

インシュアテックを実際に導入している企業は保険会社ではなく、保険仲介（流通）企業（いわゆるブローカー企業）であることが多い。2017年報告書では5つの企業（2023年8月現在で1社は廃業済み）が紹介されている。以下では報告書で記載されている企業の概要を紹介する[26]。

まず、BIMA、Friendsurance、InsPeer、Guevara の4社は仲介（流通）ベースの保険スタートアップであり、新しい保険サービスを提供している。彼らはより伝統的な意味での保険契約を仲介しているわけではないが、異なるビジネスモデルを使用している保険契約のうち適切なものを取り分けて提示（トリアージ）するための仲介ライセンス（＝保険ブローカー資格）を持っている。

● BIMA[27]

アフリカでは、携帯電話は通信だけでなく、銀行や決済サービスへのアクセスにも広く使用されている。料金は airtime と呼ばれる事前チャージ方式が

---

26)　OECD・前掲注22）16〜18頁参照。

27)　https://bimamilvik.com/　参照。

とられている。airtime は通話料にも充当できるがそのほかのネット上の決済に用いられる。そして、BIMA の主な革新は、登録（申込み）と支払いの両方のメカニズムを作成する独自のバックエンドテックプラットフォームを構築したことである。契約者は、ハンドセット（スマートフォン）を使用して登録し、約2分かかる基本的な識別情報を入力する。保険料の支払いは、前払いの airtime からの自動控除によって徴収される。

　保険仲介は、訓練されたエージェントによって行われる。BIMA エージェントは、見込み客と最初の連絡を取り、コスト（1日わずか数セント）や保障水準などの基本的事項を含む、保険契約のすべての側面に関する商品教育を提供する。販売後、顧客は契約成立確認の SMS に加えて、保障の状況と保険料としての控除額を毎月通知される。

　BIMA は事故、生命、入院のカバーを含むさまざまな個人保険商品を販売している。請求にあたって、契約者はカスタマーサポートに電話することでサポートが受けられ、請求が完了してから72時間以内に現金で支払われる。なお、データは、データ保護規制が適用されるスウェーデンに保存される。

　BIMA はマイクロインシュアランスあるいはインクルーシブインシュアランスの一種と考えられる。マイクロインシュアランスあるいはインクルーシブは、保険が普及していない開発途上国向けの低価格、低コストで提供される保険を指す。先進国で発展してきたように保険を対面や通信販売で加入するという段階を飛ばして、いきなり Web 加入、すなわちスマートフォンで加入するといういわゆるリープフロッグ現象の一種である。固定電話や銀行口座が普及する前にスマートフォンが普及したことを契機に保険を提供する仕組みが構築されたものである。

● Friendsurance[28]

　Friendsurance は2010年に設立され、ドイツでは保険ブローカーとして認可されている。「社会」または「個人対個人」あるいは「ピアツーピア」（P2P）保険の先駆者と考えられており、家計、個人賠償責任、訴訟費用、自動車保険を提供している。

　同じ種類の保険に加入している契約者は、友人とともに小さなグループを

28）https://www.friendsurance.com/　参照。

形成するか、サイト上でグループを見つけて加入することができる。グループの保険料の一部はキャッシュバックプールに支払われる。その年に請求がない場合、グループのメンバーは年末にキャッシュバックプールから支払われた保険料の最大40%を得ることができる。保険金請求はキャッシュバックプールから支払われるため、請求があると年末のキャッシュバック額が減少する。多額の請求は、Friendsurance と提携している通常の保険会社がカバーしている。

　上述のとおり P2P 保険は個人間の相互扶助である。現代的な保険が普及する前の、いわば英国の友愛組合のような仕組みであり、このような仕組みを現在の IT 技術を用いて実現している。個人間での相互扶助のため、不正請求が相互監視によって抑えられ、また剰余金が加入者に払い戻されるというメリットがある。なお、友愛組合などと異なるのは、現実に密接的な人的関係のあるグループではなく、ネット上のつながりで個人グループを構成できること、および決済がネット上で完結するなどが挙げられる。

● InsPeer

　InsPeer は、2015年にフランスで開始された P2P 保険スキームであり、保険金が支払われたときに免責額（deductible）をグループで共有することができる。免責額が高いほど保険料が安くなるため、保険契約者は免責額を引き上げ、指定された人々と免責部分のリスクを共有することができる。InsPeer は、自動車保険、オートバイ保険、住宅所有者保険サービスを提供している。免責額を増やす以外に、InsPeer は保険契約の変更を保険契約者に要求しない。

　ユーザーは小さなグループを形成し、1 人または全員が請求を行うリスクを共有する。ユーザーは好きなだけ保険グループに参加することができるが、彼らの負担上限額（エクスポージャー）は、いずれか任意の参加者に誓約される100ユーロと、プラットフォーム横断的に全体で500ユーロに制限されている。保険金請求がなければサービスは完全に無料である。請求があった場合、InsPeer は保険会社が支払った請求額の10％を控除・取得する。

　保険契約者が誰とリスクを共有すべきかを評価するのを支援するために、1 人の予想保険金請求率を示すリスク指標が開発されている。この消費者のリスク指標は年で表され、たとえば8.5年は8.5年に 1 度、保険金請求額を支払う可能性があることを意味する（**図表13**（次頁））。

図表13　InsPeer

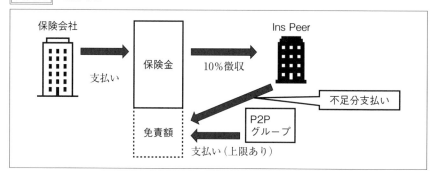

　少しわかりにくいスキームであるが、一例として自動車保険に加入して事故が発生すると保険会社から保険金が支払われる。たとえば50万円の損害が出たとする。この際に、10万円までは自己負担で10万円を超えた部分（40万円）のみを保険会社が保険金として支払うといった、免責額を事前に定めることとなる。この免責額部分をグループで相互扶助することによって、免責額を高く設定することができる。免責額が高ければ自動車保険の保険料も安くて済むということがメリットである。

　なお、2017年報告書ではGuevaraが紹介されているが、すでに事業を廃止しているため省略する。

　そして、もう1社のLemonadeはブローカー企業ではなく、保険会社によるP2Pスキームである。

● Lemonade[29]

　Lemonade Insurance Company は、ニューヨークに拠点を置く損害保険会社であり、損害保険全商品を販売できる（full stack）保険会社としてニューヨーク州の免許を有している。保険料は保険金支払いのための基金（クレームプール）に支払われ、そこから毎月一定の手数料（保険料の20%）が再保険の補償範囲と費用として取り出され、残りは保険金の支払いに使用される。支払われた保険料の合計が、手数料と支払われた保険金の合計より多い場合、

年1回の「還元」という形で保険契約者に返金される。還元は、保険契約者が選択した慈善団体に寄付され、この目的のために、選択した慈善団体を中心に「仲間」の仮想グループが形成される。再保険は、基金の規模を超える請求の支払いに使用される。

　保険料は、契約者ごとに個別に計算され、クレジット履歴、最近の請求、物件に関する情報（築年数、規模、建設品質など）など、さまざまな要因に基づいて計算される。

　Lemonade は、保険契約を申し込むための AI アプリ「Maya or Jim」を開発した。暴風、深刻な気象被害、火災に対する住宅の感度などのリスク軽減要素が考慮され、火災警報器や盗難警報器など、設置されている可能性のある保護機器の割引が行われる。

　Lemonade は、保険業界で唯一 B-Corp の認定を受けている。B-Corp とは米国の非営利団体である B Lab の認定を受けている法人で、社会的・環境的パフォーマンス、説明責任、透明性の高い基準を満たす必要がある。

　Lemonade も一種の P2P 保険であろう。ただし、個人間につながりがもともとあるのではなく、余剰資金が生じた場合に、寄付をしてもいいと考える慈善団体が同一であるという属性で構築されている。Lemonade では、保険料は後払いではなく、事前に資金プールを作ることとなっている。事故が発生した場合は、プールされた資金から、プールされた資金を上回る場合は再保険から保険金が支払われる。

　Lemonade の基本的な考えとして、保険金をなるべく支払いたくないとする保険会社と保険金を支払ってほしい保険契約者の間には利益相反があるとするもので、剰余金が生じた場合に慈善団体へ「還元」するという方法で保険会社と保険契約者の利益相反を軽減するというものである。

⑷　シェアリングエコノミーと保険

　2017年報告書では、自家用車の相乗り（Uber、Lyft、BlaBla Car など）や民泊の AirBnB のようなホームシェアリングなどのサービスが、一般的で人気のあるサービスプラットフォームになるにつれて、シェアリングまたはギグエコノミーは経済のより大きな部分を占めるようになってきているとする。商業サービスとして、これらのサービスは事業の特定の側面について保険を適用するこ

とが求められる。この点に関する報告書の骨子は以下のとおりである[30]。

　ミレニアル世代（一般的に1980年から2000年に生まれた世代）とシェアリングエコノミーの重要な特徴の１つは、赤の他人が個人的な経験／レビュー、車、家をかなり自由に共有する一方で、保険のような確立されたビジネスプロセスへの信頼はあまり肯定的ではないと考えられることである。

　一部の保険会社は、ライドシェアリングの独特の性質に対処している。例えば、Uber が保有する保険は、ドライバーが顧客を送迎した場合の保険をコア保険として分離し、ドライバーがシステムにログオンして送迎を待っている場合の保険をそれよりも低くしている。また、ライドシェアサービスに使用されている間に、ドライバーの車両が物理的に損傷した場合の保険も分離している。事業用保険が有効である期間と、ドライバーの私的な自動車保険が事故をカバーすることが期待される期間には、まだ潜在的なギャップがある。

ライドシェアは日本では普及していないため、このような保険は提供されていない。

次にシェアリングエコノミーの一種である民泊の仲介サービスにかかる保険である。

　Airbnb のような P2P のホームシェアリングでは、住宅所有者の住宅保険では借り手が引き起こした損害はカバーされないため、追加の補償が必要になる可能性が高い。単発で家を借りる場合、住宅所有者または賃借人の保険でカバーされる可能性が高いが、事前に保険会社への通知が必要になる。ただし、繰り返しのホームシェアリング／レンタルでは、特にゲストの損害賠償責任をカバーするために、保険契約または事業用保険への追加が必要になる場合がある。多くの保険会社では、このような追加的な補償に対して毎月の補償が利用できるようになってきている。

　2015年１月から、Airbnb は、ホスト（場合によってはその家主）を対象に、P2P の賃貸に関連する損害を補償するように設計された、追加費用なしの「ホスト保護保険」を含め始めた。ただし、事故の結果ではない意図的な行為

30）OECD・前掲注22）21頁参照。

は、ウェブサイトが資産問題、すなわちカビ、トコジラミ、アスベストなどと呼ぶものと同様に、保険の対象外となる。

ちなみに日本でも民泊が認められているが、一般の住宅総合保険では事業用物件となるため担保範囲外となる。民泊専門保険が存在するが、これは損害保険会社が提供している[31]。

また、シェアリングエコノミーに関係する少額短期保険としては**第3章**で述べた東急少短のスマQworkerや、**第4章**で述べたアフラックグループのSUDACHI少短の「働くあなたの所得保障保険」がフリーランス向けの就労所得保障保険となっていることも挙げられる。

これらがマイクロインシュアランスあるいはインクルーシブインシュアランスに該当する可能性があることは上述のとおりである。

(5)　ロボアドバイスとAI

2017年報告書は、以下としている[32]。

> 価格比較・仲介サイトが広く普及する一方で、投資や貯蓄の要素を持つ商品のアルゴリズムを通じて、契約者の収入やニーズに合わせた金融ガイダンスをより自動化して提供するサイトの開発に多くの努力が払われているとする。これは、そのようなサービスのコストが低下するにつれて、低所得層の保険保護ギャップを縮小するのに役立つ可能性がある。
>
> ロボアドバイスには、退職、保護の必要性、遺産相続計画、健康/長期ケアの適用範囲など、複数の目標に対処する財務計画を策定する能力がある。ロボアドバイスにはプライバシーがあり、金銭的な問題を議論する際の繊細さを考慮すると、対面助言よりも快適に感じる人もいるかもしれない。
>
> 多くの契約者にとって重要なのは、ファイナンシャルアドバイザーよりも手数料が安いことだろう。例えば、米国の投資顧問業界では、ファイナンシャルアドバイザーは一般的に運用資産の1％を手数料として徴収しているが、これはロボアドバイザーの15bpから35bpの間であるところとは対照的で

---

31) たとえば三井住友海上の「民泊専門保険」参照。
　　 https://minpaku-hoken.jp/
32) OECD・前掲注22) 23頁参照。

ある。
　ロボアドバイスは、保険に限らず、代替投資商品を利用できるサービス・プロバイダーを活用している。保険市場が、ロボアドバイスをビジネスプロセスにどのようにさらに組み込むかが見られる。

　ここでは手数料についての議論があるが、日本では FP 業者など一部の例外を除き、投資や保険の助言に手数料を支払う習慣がなく、コストの安さは顧客が望むというよりは販売サイドがコスト削減のために活用するということになろうか。

　報告書は具体的事例として、以下とする。

　PolicyGenius[33] は、生命保険、長期障害保険、賃貸保険、ペット保険の価格比較情報をユーザーに提供するために2014年に設立された[34]。ほとんどの保険比較サイトとは対照的に、問い合わせを見積もりの要求と解釈し、顧客の問い合わせを保険ブローカー / 代理店に販売し、保険を販売しようとするリードジェネレーターモデル（＝潜在的な顧客を有望な見込み客にするモデル）に基づいていない。また、ユーザーエクスペリエンス（顧客体験）はビジネスの重要な要素と考えられており、ユーザーエクスペリエンスの向上のためにコンテンツが開発され、提供されているオファーについてアドバイスを提供している。これらは特定の保険会社と提携しておらず、アルゴリズムはユーザーのニーズに合わせて最適なポリシーとユーザーを一致させるように機能する。ニューヨーク州で独立ブローカーとしてライセンスされている。

　すなわち、特定の会社（あるいは保険会社全部）と利益を共通するものではなく、顧客の利益に沿ってアドバイスするサービスであるとするものであるとする。

　他方、報告書は「アルゴリズムはブラックボックスであり、場合によっては不適切なアドバイスにつながる可能性がある。」と付言している。

　ロボアドバイザーの具体的な判断基準や手順は透明化されておらず、あるい

はそうすることが難しい。意図せずとも AI に読み込ませるデータの偏りによって、問題が発生する可能性は常に存在する。

(6) データ集約と分析[35]

　2017年報告書では、「インターネット、モノのインターネット（IOT）、ハンドヘルドデバイス（スマートフォンなど）、アプリケーションはすべて、テクノロジーが企業や個人からより多くのデータを収集する可能性を高めることに寄与する」とする。そしてソーシャルメディアだけでなく、「Fitbit や Apple Watch などのデバイスでは、デバイスのオペレーターが健康関連のデータだけでなく、個人の活動データを収集することができる」とする。

　そして、以下のように分析されている。

---

①　保険は従来、リスク管理の意思決定を定量的データに依存してきたが、データ分析はこの範囲を超えており、場合によっては議論の余地がある。保険引受と保険金請求管理は特にデータが豊富であり、保険会社は不正防止、マーケティング、保険金請求管理、価格設定リスクのために収集されたデータを使用する。

　例えば、過去の個人自動車保険は、損害履歴などの内部データソースに依存していた。しかし、自動車保険会社は、請求書を期限内に支払う人がより安全なドライバーでもあるという実証的な証拠に基づいて、信用調査機関の行動ベースの信用スコアを分析に取り入れ始めた。

②　一部の保険会社は、データ収集者と契約を結んだり、データアグリゲーター（データを集約し、提供する事業者）からデータを購入したりすることで、そのようなデータを利用している。

　米国と英国の政府および欧州連合は最近、「オープンデータ」ウェブサイトを立ち上げ、健康、教育、労働者の安全、エネルギーなどのデータを含む大量の政府統計を利用できるようにした。

　そのような努力の一例は、生命保険の提供のための、長寿データ、顔認識技術と引受との結合である。顔認識技術は、年齢、性別、喫煙習慣、ボディマスインデックス（BMI）などの要因を予測するために使用される。

　このデータに基づいて、FitBit や携帯電話の身体活動トラッカーなどの活動センサーと共に、期待寿命が提供される。これに基づいて定期保険の提案が行われ、契約者が保険期間を選択できる。

③　テレマティクスと保険は、データ分析を利用して契約者の行動を監視し、リスクを事前に軽減するとともに、保険料を適用可能な場合には割引するためのもう1つの手段である。

　テレマティクス保険は、デバイスを自動車に取り付けて、運転を追跡するために使用する保険である。

④　リスク管理レベルでは、保険会社を支援できるデータ分析ソリューションが多数存在する。これには、統合地理空間分析ツール、地理空間分析、データ品質管理ツールとクレーム／エクスポージャーマッチングが含まれる。特に、支払査定プロセスは、撮影された写真を使用して、スマートフォンやコンシェルジュサービスを介して処理をスムーズにするというメリットがある。

⑤　保険数理上の目的でデータ集計が使用されている場合、社会や個人の特定のセグメントの保険料が高すぎる、保険に加入できない、倫理的に疑わしい結果につながる可能性がある。保険がリスクベースである場合、データの細かさ（粒度）はプラスまたはマイナスの両方の影響を与える可能性がある。マイナスの影響は、潜在的な契約者がリスクベースのプレミアムである場合に、合理的な保険料水準で保険を購入できない場合に発生する。

⑥　モノのインターネット（IoT）は、道路からペースメーカーまで、物理的な物体に埋め込まれたセンサーとアクチュエータ（モーターなど）が、有線および無線ネットワークを介してリンクされており、多くの場合、インターネットを接続する同じインターネットプロトコル（IP ＝データ通信のルール）を使用する。この接続により、大量のデータが分析のためにコンピュータに流される。テレマティクス保険は、IoT を使用した保険の最もよく知られた例である。IoT デバイスが保険に使用されている他の例としては、個人の家庭、農場、または企業のセンサーが、悪天候やセキュリティ監視などのリスクについて契約者に警告したり、個々のリスクについてフィードバックを提供したりするために使用されている。心電図（EKG）や不整脈の検出、脈拍と変動、血圧、呼吸情報、血糖値、筋肉活動、睡眠パターン、体温、血中酸素濃度、皮膚コンダクタンス濃度、脳活動、水分レベル、

姿勢、アイ（眼）トラッキングデータ、摂取量などの生体データも生成され、保険目的のデータ分析に適用することができる。

⑦　非常に詳細なデータを持つことは、多くの意図しない結果をもたらす可能性がある。最も直接的なのは、データを提供する人のプライバシーである。保険契約の契約に関連するデータのデータ保護は明確だが、追加またはそれ以外で収集されたデータの扱いは明確でない場合がある。

①のように昨今、保険が担保するリスクそのものに関係する情報とは異なるデータではあるが、危険を判断するのに有用なものと判断されるデータに基づいて、危険選択をする事例が見られる。

②は、政府統計をデータベースとして、顔認証技術で予測される情報とスマートウォッチで計測される活動情報を合体させ、提示する保険を決定する手法である。このような方法はいまだ日本には存在しないと思われるが、今後の方向性を示すものとして大変興味深い。

③のテレマティクスについては前述した。

④では、たとえば自動車保険のうちには、スマートフォンで撮影された情報をもって事故報告ができるものが、日本の保険業界でもすでに提供されている[36]。なお、2023年には損害保険会社が指定する修理工場である中古車販売事業者における大規模不正請求事件が大きな問題として発覚した。この事件は④のような取組みに大きなインパクトを与えると思われるが、ここではこれ以上の検討は行わない。

⑤のポイントはデータ偏重主義のデメリットを指摘するものである。極端にいえば遺伝子による危険選択を行うようなケースでは保険を必要とする人に保険が提供されないこともあり得る。ただ、少額短期保険業者についていえば、リスクを細分化する方向へは進んではいないと考えられる。

⑥のさまざまなデータが収集できるようになったとともに保存され、活用することができる状況になった。工場の機械や農場の天気といったものにとどまらず、人体のさまざまなデータも収集可能になったことで次の⑦のような問題

36）チューリッヒ保険会社の「自動車保険」参照。
　https://www.zurich.co.jp/car/service/emergency/　参照。

意識が生ずることとなる。

　⑦では、農場の天気などは別として、人体のさまざまな情報は機微情報、個人情報保護法でいう要配慮個人情報に該当することになる。要配慮個人情報に該当する場合には原則として取得にあたって本人同意が必要であり、また第三者提供にあたっても本人同意が必要である（匿名加工情報などの取扱いはある）。特にスマートフォンなどを利用した個人情報利用の同意などには、本人が正確に認識できるかという問題がある。

4 | 2020年 OECD 報告書

(1) 総　論

　OECD では、2020年に "The Impact of Big Data and Artificial Intelligence（AI) in the insurance Sector"（「保険分野におけるビッグデータと人工知能の影響」）報告書[37]（以下、2020年報告書）を発行している。

　デジタル化が世界経済を変革する中、保険分野における技術とイノベーションは、同委員会の活動の重要な部分となっている。ビッグデータと AI に関するこのレポートは、保険分野における技術とイノベーションに関する2017年のレポート（OECD、2017年）を基にしており、保険分野に幅広い形で影響を与える可能性のあるイノベーションの観点から最も重要な発展のうちの２つに焦点を当てている。

　なお、2020年報告書の内容については上述の IAIS 報告書、OECD の2017年報告書と重なる部分が多いため、概要の紹介のみにとどめる。

(2) ビッグデータ[38]

① ビッグデータとは

　FCA（英国の金融規制当局）は2016年に、ビッグデータの意味を概説したフィードバック声明を発表した[39]。ビッグデータは以下のものとされる。

- ソーシャルメディアなどの従来とは異なるソースを含む、新しいまたは拡張されたデータセットおよびデータの使用

37）OECD（2020）"The Impact of Big Data and Artificial Intelligence（AI) in the insurance Sector"参照。

　　https://www.oecd.org/finance/Impact-Big-Data-AI-in-the-Insurance-Sector.htm

38）OECD・前掲注37）10〜11頁参照。

39）https://www.fca.org.uk/news/press-releases/fca-publishes-feedback-statement-big-data-call-input　参照。

- これらの新しい形式のデータを生成、収集、保存するために必要な技術の採用
- 高度なデータ処理技術の使用
- 予測分析などの高度な分析手法
- このデータ知識をビジネスの意思決定や活動に応用すること

FCAの報告書では、保険会社が使用している可能性のあるビッグデータの主なソースを以下のように特定している。

- 独自データ（たとえば、購入した商品の個人データやポイントカードなどのコネクテッド企業のデータ）
- 第三者から取得したデータ（たとえば、クレジットチェック、ライセンス詳細、クレーム割引データベース、価格比較ウェブサイトの引用などの集計された検索エンジンデータ）
- ソーシャルメディアデータ（たとえば、FacebookやX（旧Twitter）から取得した消費者固有のデータ）
- 接続機器のデータ（たとえば、テレマティクスデバイスは、モーター、家庭、または健康テレマティクスで使用することができる）

② 保険業界におけるビッグデータの活用[40]

　ビッグデータは、例えば、テレマティクスの使用を通じて製品開発に採用されている。テレマティクス自動車保険は、デバイス（ブラックボックス）を自動車に搭載したり、スマートフォンのアプリを使用したりして、運転を追跡するために使用するものである。ブラックボックスデバイスは、衛星技術を介して速度、ブレーキ、加速、コーナリング、および走行が行われた時間を追跡する。データはGPSによって保険会社に送信され、保険会社は請求が行われる可能性を推定することができる。このようなプログラムは、例えば保険料に影響を与える実績のない若いドライバーに利益をもたらすとする。

　Vitalityはイギリスで生命保険と健康保険を提供しており、Apple Watchの使用と実証された活動レベルによって得られる活動ポイントに基づいてプレ

---

40) OECD・前掲注37) 11～13頁。

> ミアム割引を提供している。Vitality 活動ポイントは ISA（配当金に非課税で現金・株式・ユニット・トラストを保有できる個人貯蓄口座）にも投入できる。
>
> 　さらに、Fitbit（＝スマートウォッチ）のようなデバイスである PitPat を使用するペットのためのペット保険のプレミアム割引を提供し始めている企業もある。犬を定期的に運動させると、年間最大100ポンドの現金報酬が得られる。

　この点は2017年報告書とほぼ変わりがないが、新規に開発された具体的事例を記載している。これらテレマティクス保険や"住友生命「Vitality」"のような商品はすでに日本の保険業界でも販売されているのは上述のとおりである。

③　保険業界におけるリスク分類[41]

> 　リスク分類がさらに細分化されることによって生じる可能性のある利益と不利益がある。より大きなリスク分類による利益は、リスクに基づく価格設定であり、保険会社は低リスクへのマーケティングによって逆選択に対抗することができる。低リスクの潜在的な契約者は、リスクプールのより広い人口を反映する価格を支払いたくないかもしれない。低リスクの契約者は通常、リスクプールの高リスクの契約者に補助金を出すので、リスクに基づく価格設定は、低リスクの契約者にとってはるかに公平かもしれない。
>
> 　それにもかかわらず、より大きなリスク分類にはリスクがある。保険会社が新たな低リスクの事業体や個人を全体的なリスクプールに取り込むことに成功する程度には、社会的に有益であろう。高リスクの契約者のための見積もりの取得が除外されたり困難になったりする場合、これは最適でない市場の結果をもたらす可能性がある。

　リスクを細分化しすぎることによる保険機能の低下は上述したとおりである。

---

41)　OECD・前掲注37）13～14頁。

(3)　AI（人工知能）

①　AIとは

> AIには、動的で不確実な環境で学習、適応、動作する能力を持つすべての
> インテリジェントエージェント（コンピュータシステム）が含まれる[42]。これ
> を実現するために、スマートシステムは、追加のデータレコードごとに学習
> し、予測を継続的に調整して強化する高度なアルゴリズムを使用する。機械
> は、これを達成するために、学習、知覚、問題解決、推論など、人間の心に
> 関連する認知機能を模倣する。
>
> 　機械学習は、AIが適用される主な方法の１つであり、事例から学習し、時
> 間の経過とともにより多くのデータでパフォーマンスを向上させることがで
> きるアルゴリズムを備えている。
>
> 　ディープ・マシン・ラーニングは、複雑な統計モデルと、生物学的な脳の
> 働きを大まかにモデル化する並列処理の複数の層を持つアルゴリズムに依存
> する機械学習の一分野である。ニューラルネットワークは、一般にタスク固
> 有のルールでプログラムされることなく、例を考慮してタスクを実行する
> 「学習」を行う。ディープ・マシン・ラーニングは、自己学習を可能にするた
> めに強力なコンピュータと膨大な量のデータを必要とするため、この20年で
> さらに発展することができたのはそのためである。防衛とセキュリティはこ
> れらの発展の重要な部分であり、一般的なサイバー防衛とテロ防衛の配備の
> 必要性によって加速している。

　2020年報告書では、ディープ・マシン・ラーニングについて詳細に触れてい
るのが特徴的である。ディープ・マシン・ラーニングは人間の脳の構造に近い
ニューラルネットワークを活用した人工知能の機械学習の方法である。AIに
データを読み込ませるときに、人が特徴量を入力せずとも機械が独自に学習す
る仕組みである[43]。この方法によりAIの能力が格段に上昇したが、ブラック
ボックス化も一段と深まったという側面がある。

42）OECD・前掲注37）18頁。

43）簡単に解説すると、これまでの機械学習では、たとえば犬と猫を見分けるのに、それぞ
　　れの特徴を人間が指示していたが、ディープ・マシン・ラーニングでは人間の指示を必要
　　とせず、データ読み込みだけで人工知能が自動的に学習を行うものである。

② OECD 理事会による人工知能に関する勧告[44]

OECD 勧告では、信頼できる AI の責任ある管理のために、5 つの補完的な価値に基づく原則が示されている。AI は学習の結果を基に結論を導くため、学習の元データの信頼度による判断のゆがみや、判断にあたっての倫理面で不安がある。

> ① AI は、包括的な成長、持続可能な開発、幸福を促進することで、人々と地球に利益をもたらすべきである。
>
> ② AI システムは、法の支配、人権、民主主義的価値、多様性を尊重するように設計されるべきであり、公正で公正な社会を確保するために、適切な保護手段（例えば、必要に応じて人間の介入を可能にする）を含むべきである。
>
> ③ 人々が AI ベースの成果を理解し、それに挑戦できるようにするために、AI システムに関する透明性と責任ある開示が必要である。
>
> ④ AI システムは、そのライフサイクルを通じて堅牢で安全かつ安全な方法で機能する必要があり、潜在的なリスクは継続的に評価および管理される必要がある。
>
> ⑤ AI システムを開発、展開、運用する組織や個人は、上記の原則に沿って適切に機能する責任を負うべきである。

これらの価値に基づく原則に沿って、OECD は 5 つの勧告を各国政府に提供している。なお、OECD は生成 AI の普及に起因する現在の大規模なイノベーションについて、従来の「AI 原則」では十分に対処しきれないリスクや課題が生じており、かかる部分の見直しが必要だとし、今後 G7 などとも連携しながら、より幅広い枠組みに対応できる国際的な指針の改訂を目指している。

> ① 信頼できる AI のイノベーションを促進するための研究開発への官民の投資を促進する。
>
> ② デジタルインフラと、データと知識を共有するための技術とメカニズム

---

44) OECD・前掲注37) 20頁も参照。

https://www.soumu.go.jp/main_content/000642217.pdf

を備えた、アクセス可能な AI エコシステムを育成する。
③　信頼できる AI システムの導入に道を開くポリシー環境を確保する。
④　AI のスキルを人々に与え、公正な移行のために労働者を支援する。
⑤　国境や分野を越えて協力し、信頼できる AI の責任ある管理を進める。

③　欧州委員会のガイドライン[45]

　ガイドラインでは、AI システムが信頼できると見なされるために満たすべき 7 つの主要な要件を提示している。

①　人間の主体性と監視：AI システムは人間に力を与え、情報に基づいた意思決定を可能にし、人間の基本的な権利を育むべきである。同時に、適切な監視メカニズムを確保する必要があり、これはヒューマン・イン・ザ・ループ、ヒューマン・オン・ザ・ループ、ヒューマン・イン・コマンドのアプローチを通じて達成することができる。

②　技術的な堅牢性と安全性：AI システムには回復力と安全性が必要である。安全性、何か問題が発生した場合のフォールバック（異常時に機能を制限して運用を継続すること）計画の確保、正確性、信頼性、再現性が必要である。それは、意図しない危害も最小限に抑え、防止できるようにする唯一の方法である。

③　プライバシーとデータガバナンス：プライバシーとデータ保護の完全な尊重を確保するだけでなく、データの品質と完全性を考慮し、データへの正当なアクセスを確保する、適切なデータガバナンスメカニズムも確保されなければならない。

④　透明性：データ、システム、AI のビジネスモデルは透明であるべきである。トレーサビリティメカニズムはこれを達成するのに役立つ。さらに、AI システムとその決定は、関係する利害関係者に合わせた方法で説明されるべきである。人間は、AI システムと対話していることを認識する必要があり、システムの能力と制限について知らされる必要がある。

⑤　多様性、無差別、公平性：不公平な偏見は、脆弱なグループの疎外から偏

45）OECD・前掲注37）21頁も参照。
　https://www.soumu.go.jp/main_content/000826706.pdf

見や差別の悪化まで、複数の負の影響を及ぼす可能性があるため、避けなければならない。多様性を促進するために、AI システムは、障害の有無にかかわらず、すべての人が利用できるものであるべきであり、そのライフサイクル全体を通じて関連する利害関係者を巻き込むべきである。

⑥　社会と環境の幸福：AI システムは、将来の世代を含むすべての人間に利益をもたらすべきである。したがって、それらが持続可能で環境に優しいものであることを保証しなければならない。さらに、他の生物を含む環境を考慮し、それらの社会的および社会的影響を慎重に考慮すべきである。

⑦　説明責任：AI システムとその成果に対する責任と説明責任を確保するためのメカニズムが整備されるべきである。アルゴリズム、データ、設計プロセスの評価を可能にする監査可能性は、特に重要なアプリケーションにおいて重要な役割を果たす。さらに、アクセス可能な適切な救済が確保されるべきである。

これら勧告やガイドラインの問題意識の根底には AI は究極のところブラックボックスであり、人間の持つ倫理観や公平・公正といった考えが組み込まれていないという点にある。

なお、EU では2023年 6 月14日に、生成 AI を含む包括的な AI の規制案である「AI 規則案」が、欧州議会の本会議において採択された[46]。今後は理事会との調整を行い、早ければ2023年内の合意を目指すこととなっている。本書は AI 規制を詳述することが目的ではないので、別途ご確認いただければ幸いである。

他方、AI は場面によっては、人間をはるかに凌駕する処理能力を有することは事実であり、AI 利用にあたってのプロセスが重要となる。それが下記④で述べられる。

④　AI 導入に関する規制

2020年報告書は以下とする。

多くの監督当局が、自らの技術を用いた実験を可能にするプラットフォー

46）https://www.europarl.europa.eu/news/en/headlines/society/20230601STO93804/eu-ai-act-first-regulation-on-artificial-intelligence　参照。

ムを確立し、プラットフォーム内の規制要件の一部を緩和することによって、金融セクターのイノベーションを促進するために、規制のサンドボックスとイノベーションハブを確立している。英国金融行動監視機構（FCA）のイノベーションハブは、『規制のサンドボックス』アプローチを適用する最初の1つである。

　規制のサンドボックスアプローチは、保険技術が通常の規制要件とは異なる規制体制で実験されるためのスペースを意図的に作り出している。これは、技術がいつ成功し、拡張可能であると見なされるか、またその場合にはどのようにして通常の規制枠組みに段階的に移行されるかについてのより良い理解を支援する。その点でのもう一つの可能なアプローチは、異なる / 並行する規制体制を作らないイノベーションハブである。今後、これは適切な段階で公平な競争条件が適用されることを確実にする上で重要である。

　AI による判断が個人や社会に悪影響を及ぼさないために人間が関与することが求められている。2020年報告書では3つの方式、すなわち、Human in command（HIC）、Human in the loop（HITP）、Human on the loop（HOTP）が挙げられている[47]。HIC は AI が提示する結論を、人間がいつどのように使用するかを決定する。そのため AI は道具としてのみ利用される。HITP はシステムのあらゆる意思決定サイクルにおいて人間が介入する仕組を指す。これは望ましいとされていない。HOTP はシステムの設計サイクルに人間が介入し、システムの動作を監視する仕組を指す。HIC あるいは HOTP のいずれかを利用することが望ましいとされている。

⑤　保険分野における AI の活用[48]

2020年報告書では以下としている。

　保険分野における AI の適用は、より明確な分野として、契約と請求処理の両方の観点から、データ処理と意思決定の効率を向上させる可能性がある。消費者との相互作用があり、取引コストが特に高い分野は、効率性の向上が

47）OECD・前掲注37）23頁。
48）OECD・前掲注37）24〜25頁参照。

得られる特定の分野である。

　しかし、データ分析プロセスをサポートするために収集されているデータを利用するために、保険会社の内部システムにAIを導入することもできる。

　投資要素を含む生命保険は、契約者の投資判断を支援するためにAIを活用することができる。

　パラメトリック保険（雨量を指標として洪水や干ばつの被害に対して保険金を支払う保険）などの損害保険は、あらかじめ決められた基準を利用して請求の支払いをトリガーし、AIが自動化された方法で処理できるため、特にAI処理に適しており、保険料レベルを下げることができる。これは、パラメトリック保険が広く展開されている、あまり発展していない保険市場に利益をもたらす可能性がある。

　保険においては保険契約締結、事務処理、商品開発にAIを利用することができる。あるいは保険金支払事故の発生から支払いまでAIで完結するというものもある。

⑥　AIにおける政策・規制の検討[49]

2020年報告書では以下とする。

　AIの基盤となるアルゴリズムは、ほとんどの場合、特に深層機械学習では透明ではなく、バイアスが意図せずに組み込まれ、不適切なアドバイスやアウトプットにつながる可能性がある。これが保険契約者の行動だけでなく、保険会社の支払能力や評判にどのように影響するか、また規制がこれにどのように対処すべきかについての理解は不明であるが、より大きな議論を必要とする分野である。

　保険分野でAIが普及する可能性を考えると、イノベーションを促進する一方で、規制当局や監督当局が基盤となる技術のより良い理解に投資することが不可欠である。イノベーションハブ（＝革新的な商品を生み出す技術を有する企業や研究機関が構築する基盤）または規制サンドボックス（＝従来の規制でカバーできない技術を実証実験する仕組み）は、特に国境を越えた協

49）OECD・前掲注37）25〜26頁参照。

力体制がある場合に、適切な規制アプローチを決定するためのこのプロセスの一部である。しかし、従来の保険会社が内部プロセスに新しい技術を導入するにつれて、使用されているデータと AI に組み込まれる可能性のある潜在的な影響を理解できるようにするために、保険会社との対話を行うことがますます重要になるだろう。

　AI が少額短期保険業を含む保険業界に浸透するのは不可避であるがゆえに、いかに円滑に導入していくかというのが規制当局の大きな課題となる。そして、それは保険事業者にとっても大きな影響を及ぼす。

5 少額短期保険におけるインシュアテック

本項では、上述の３つの報告書で述べられたインシュアテックのうちで、現時点での少額短期保険業者によって実現されているものについて触れることとしたい。

(1) P2P 保険

P2P 保険は IAIS 報告書、OECD2017年報告書で触れられていたものである。

少額短期保険業者の事例としては、株式会社 justInCase と Frich 株式会社がある。

① justInCase

justInCase は「わりかんがん保険」を提供している。「わりかんがん保険」は、がん保険普通保険約款に、がん診断一時金、上皮内がん診断一時金特約、死亡保障特約および P2P 特約が付帯した商品である。一般的ながん保険の商品性を有しているが、P2P 特約が付されているために申込時点や保険期間の開始時点での保険料負担はなく、保険金の支払実績によって事後的に保険料を支払う商品である[50]。

justInCase のわりかん保険については規制のサンドボックス制度の適用を受けて販売が開始されたものである[51]。日本では生産性向上特別措置法（平成30年６月６日施行、現在産業競争力強化法に移管済）に基づき、新しい技術やビジネスモデルを用いた事業活動を促進するため、新技術等実証制度、いわゆる規制のサンドボックス制度が創設されている。わりかんがん保険がこの制度の適用を受けたのは、保険料を後払いすることに国内に実例がなく、このスキームが公正妥当であり、かつ運営可能であることを確認するために行われたもので

50）justInCase「わりかん保険重要事項説明書」より。

51）金融庁 HP https://www.fsa.go.jp/news/30/20190705/01.pdf
　同社プレスリリース https://news.justincase.jp/news/20210721/　参照。

ある。

わりかんがん保険の給付はたとえば、がん診断で一時金80万円を支払うものであり、給付が発生すると契約者に保険料負担が発生する。ただし、この保険料には上限があり、20〜39歳が500円／月、40〜54歳が990円／月、55〜74歳が3190円／月となっている。なお、同社は保険金が支払われ、事後の保険料を徴収する際に、管理費として、保険金総額の30％を控除する。逆に、各年代の上限を超える負担額となった場合は同社が負担することとなっている。同社がリスクを負っていることから、わりかんがん保険には法の規制対象となる保険の性格が認められると考えられる。

justInCaseのわりかんがん保険はP2P保険であり、保険料が実績値に基づく後払いであることによりこれまでのルールを変更する画期的な商品といえよう。ただし、契約者同士がもともと保険以外の何かでつながっているという意味でのP2P形態ではない点には留意が必要である。

わりかんがん保険の加入者数は6500人余りである（2023年7月現在）。この数字からはわりかんがん保険は画期的ではあるが、保険業界に大きなインパクトを与えたとまではいいにくい。スキームが革新的であるがゆえに今後の動向を注視したい。

なお、上述のとおりjustInCaseは提携業者への保険API（application program interface）を提供している。APIとは少額短期保険業者であるjustInCaseのシステムと保険代理店のシステムを直接連動させることを意味する。保険代理店が代理店固有の保険を販売しているようにシステムを動かすものである。

具体的にはPontaポイントというポイント事業を営む株式会社ロイヤリティ・マーケティングと提携し、ポイントが保険料に利用でき、かつ保険料支払いでポイントが貯まる保険を提供している。この保険は保険代理店がロイヤリティ社で、引受保険会社がjustInCaseである[52]。

② Frich

Frichは個人が友人と相互扶助の仕組み、いわゆるP2Pの仕組みを運営でき

52）https://ponta.pointhoken.jp/entry　参照。

るサービスを提供する会社である。Frich 自身は保険業を行っておらず、相互扶助のためのプラットフォームだけを提供する事業者である[53]。

　Frich は、2020年3月17日から、規制のサンドボックス制度で認定を受け、日本初の P2P プラットフォームを利用した相互扶助に基づく保険について、アイアル少短およびジャパン少短と組んで実証実験を開始した[54]。規制のサンドボックス制度を利用した理由としては、個人が形成したグループ内で相互扶助を行うことが保険に該当すると位置付け、その再保険を少額短期保険業者が引き受けるとの仕組みとしたが、少額短期保険業者が再保険を引き受けることは法ではできないとされているからである。

　この実証実験は2022年4月8日に終了し、アイアル少短とジャパン少短の商品の取扱いは2022年3月31日をもって終了した[55]。その後は、再保険会社に再保険を引き受けてもらう形式で各種相互扶助サービスを実施している。商品としてはペットの骨折共済やペットの入院共済やなどのサービスを提供している。

　Frich の P2P 保険のスキームも画期的である。まず、グループ形成は個人が主体的に行うので、（実際には会ったことがなくとも）知り合い同士の相互扶助といういわば保険の原始的な形態にも似た、現代の保険にはない仕組みとなっている。そして、Frich 自身は保険者ではなく、相互扶助の範囲を超える保険部分は再保険会社に引き受けさせるという特殊なスキームである。これらを考え合わせると既存の保険にはないスキームであるといえよう。

(2)　エンベデッド保険

　エンベデッド保険とは物やサービス購入にあたって、それら物やサービスに保険が組み込まれていることを指す保険をいう。

　エンベデッド保険という用語そのものは上記3つの報告書の中には出てこないものの、IAIS 報告書の今後のシナリオのうち、シナリオ2で達成される取

53）https://frich.co.jp/service/　参照。
54）https://www.fsa.go.jp/news/r1/20200313/01.pdf　参照。
55）同社プレスリリース2022年3月24日。

引形態に該当しうるものと考えられる。すなわち、プラットフォームが提供するサービス（以下の例ではチケット購入）を購入する際に一連の流れでの中でごく簡単な動作により保険（以下の例ではキャンセル保険）に加入できるというものである。

　実際の少額短期保険業者の事例としては、Finatextとスマートプラス少短が提供する「サービス組み込み用　キャンセル保険」がある。同社プレスリリース（2021年7月19日）[56]によると、両社は、「自社サービスに『キャンセル保険』をシームレスに組み込んで提供したい事業者向けに「サービス組み込み用キャンセル保険」の提供を開始」すると公表した。「『サービス組み込み用 キャンセル保険』は、レストランやテーマパーク、出張フォト撮影など、さまざまな事前予約型サービスのキャンセル料を補償する『キャンセル保険』をサービスに組み込んだかたちで提供できるようにする、事業者向けのソリューション」である。「『サービス組み込み用 キャンセル保険』は、少額短期保険業者であるスマートプラスSSIが保険商品を提供し、FinatextがSaaS型保険基幹システム『Inspire』の提供および保険販売に必要なシステムを開発」する。

　「販売システムとして、『サービス組み込み型（embed型)』と『リンク接続型』の2種類を用意」しているが、サービス組み込み型とリンク接続型の相違は、サービス組み込み型がサービス画面（たとえば航空機チケット予約画面）上でキャンセル保険を購入できるのに対して、リンク接続型はいったん画面が外部に遷移するものとして構築されることである。リンク接続型であっても遷移後の画面は遷移前の画面と「同じ世界観」として構築され、またサービス購入情報も引き継がれるため、顧客にとってはシームレスに加入できることになる。

　その後の、同社の少額短期保険に関連するプレスリリースを抽出すると以下などがある。

　・2022年3月3日　「サービス組み込み用　キャンセル保険」が少額短期保険
　　大賞を受賞
　・2022年6月2日　予約管理サービス「OMAKASE by GMO」と提携し、レ

---

56) https://finatext.com/news/20210719/　参照。

ストラン予約のキャンセル料を最大100％補償する「OMAKASE キャンセル保険」を 6 月 2 日から販売開始
・2022年 9 月 1 日　Finatext とスマートプラス SSI、スマホ完結型の任意保険「学校団体旅行キャンセル保険」を提供開始
・2022年11月24日　Finatext とスマートプラス SSI、宿泊予約のキャンセル料金を補償する保険をリニューアルし、「旅行予約キャンセル保険」として提供開始
・2023年 2 月10日　Finatext とスマートプラス SSI が提供するサービス組み込み型の「旅行予約キャンセル保険」、宿泊予約プラットフォームのアビリブとトリプラが採用
・2023年 4 月18日　Finatext とスマートプラス SSI が提供するサービス組み込み型の「旅行予約キャンセル保険」、宿泊予約システムを提供するダイナテックが採用
・2023年 7 月31日　Finatext の SaaS 型デジタル保険システム「Inspire」を活用し、ニッセイプラス少額短期保険が「停電費用保険」を販売開始
・2023年10月 4 日　Finatext の SaaS 型デジタル保険システム「Inspire」を活用し、ニッセイプラス少額短期保険が「スマホ保険」を販売開始（本書脱稿後に追記）

このほか第一スマート少短の航空機キャンセル保険、Mysurance の Travel キャンセル保険などもエンベデッド保険の形態をとっている（**第 4 章参照**）。

保険全般にいえることだが、これまでは申込書や告知書に必要事項を 1 から記入して保険申込みを行う必要があった。エンベデッド保険は Web 上で商品やサービス購入時に、すでにインプットしてある情報を利用して加入できるものである。

キャンセル保険は IT 技術の進歩を取り入れる形で少額短期保険特有の保険となったといえるかもしれない[57]。キャンセル保険が一般化するようであれば DX の一種と見ることができるようになるだろう。

57）ただし、損害保険会社でも販売している会社もある。ジェイアイ傷害火災保険株式会社、参照。　https://tabiho.jp/merit-cancellation/

(3)　テレマティクス保険

テレマティクス保険は IAIS 報告書と OECD の2017年報告書で取り上げられている。

少額短期保険業者の事例としては三井住友オートサービスグループの i-Smas 少短のリペア保険テレマティクス型がある[58]。リペア保険とはリース車両を対象とした、事故による修理費用や修理不能な場合の中途解約費用等を補償する自動車保険である。この保険の特徴としては、車両保険のうちで事故による修理費用のみを担保することで保険料を抑える保険である点である。そしてこの保険の保険料設定方式には、以下の 2 種類がある。ただし、この保険は 2023年 8 月31日をもって販売終了している（本書脱稿後追記）。

①　事故実績型

事故実績に応じて次回の保険料を見直しする。テレマティクス端末は不要なため、ライトにリスク分散やコスト最適化を図れるメリットがある。

②　テレマティクス型

運転挙動に応じて次回の保険料を見直しする。安全運転の結果が保険料に反映されるため、データを使用した効果的な安全運転推進活動を行うことができるというメリットがある。

日本における自動車保険は被保険者の過去の事故歴などから契約者に 1 年ごとに等級を設定し、損害保険会社が保険料の水準を設定してきた。テレマティクス保険である損害保険会社の自動車保険としては、あいおいニッセイ同和損保のタフやイーデザイン損保の＆ e といった商品が存在する。これら商品は等級を前提として、安全運転の水準を加味して保険料が算出される。

少額短期保険業者である i-Smas 少短はこのような等級制度を前提としていない。等級制度を前提としない場合、リスクに応じた保険料を徴収できないという問題が生ずるが、i-Smas 少短はテレマティクス保険とすることでリスクに応じた保険料を徴収することができるようになっている。

58）https://www.i-smas.co.jp/service/　参照。

⑷ 少額短期保険と人工知能（AI）

AI については IAIS 報告書、OECD の2017年報告書、2020年報告書のいずれにも取り上げられており、特に2020年報告書では詳細に紹介されている。

少額短期保険業界では人工知能は主に保険契約後の顧客サービスに活用されている。主な事例としては以下のとおりである。

① アニポスの AI 保険金査定サービス

事例としては、アニポスの AI 保険金査定サービスがある。まず、アニポスとは、日本ペット少短、au 損害保険、SBI プリズム少短、あいおいニッセイ同和損保と提携し、ペット保険の給付金をスマートフォンで請求できるサービスを提供する会社である[59]。

アニポスは自社の AI 利用について「デジタル化された査定対象情報をアニポス AI が各保険約款や過去の保険金査定結果を元に査定を行い、その結果を保険会社に連携するサービスです。本サービスによって、保険金査定業務を迅速で正確に大幅に効率化する」ことができるとする。

② モビルス株式会社

次に、顧客サポート支援のソリューションを開発・提供するモビルス株式会社がある。同社は SBI 生保、SBI いきいき少短、SBI プリズム少短を顧客として顧客対応サービスを提供している[60]。同社のプレスリリースでは、「SBI いきいき少額短期保険株式会社の「SBI いきいき少短のペット保険」において、「MOBI BOT」（AI を活用したチャットボット）と「MOBI AGENT」（有人チャット）を導入し、保険金請求完了時間が 6 営業日から15分に短縮」できたと発表した[61]。

少額短期保険業で実現している AI の利用法は顧客サポートと保険金査定サービスにとどまっている。ロボアドバイスは保険業界でも少数の事例にとど

59）https://anipos.co.jp/　参照。

60）https://mobilus.co.jp/　参照。

61）https://mobilus.co.jp/press-release/33865　参照。

まっており、今後の発展が期待される。

⑸　少額短期保険とブロックチェーン

　ブロックチェーン技術は IAIS 報告書、OECD の2017年報告書に取り上げられている。

　少額短期保険業者では代理店・募集人管理基盤にブロックチェーンを活用している事例がある。

　SBI 日本少短とコンセンサス・ベイス株式会社は2020年10月27日のプレスリリースで、両社が「ブロックチェーン・プラットフォーム "Corda" を活用した少短向け『代理店・募集人基盤開発システム』を開発」したと公表した[62]。

　少額短期保険の保険代理店は一定の条件の下で乗合いができることとなっている。乗合いとは複数の少額短期保険業者の代理店となることであり、代理店はこれら複数の管理を受けることとなり、代理店における人事異動や乗合会社の変更などをそれぞれの少額短期保険業者に届ける必要がある。これらの事務は煩瑣である一方で、正確性と守秘および適時性が求められる。上記プレスリリースによると、この観点からブロックチェーン技術を用い、少額短期保険業者における正確かつ適時の情報共有が可能になる。当面、SBI インシュアランスグループ内での運用ではあるが、他の少額短期保険業者にもオープンする予定とのことであった。

　ブロックチェーン技術の活用も道途上といえる。スマートコントラクトや保険金支払いなどへの応用も期待される。

62）https://www.sbigroup.co.jp/news/2020/1027_12174.html　参照。

6 　今後の展望

　少額短期保険業は保険会社と異なり、商品は認可ではなく、登録あるいは届出にとどまる。特に、保険料については保険計理人が確認することで行政による審査を受ける必要がなく自由度が高い。ただし、昨今のいくつかの少額短期保険業者の収支悪化の事例を受けて、登録・届出にあたっては、行政において厳格な確認が行われているようである。

　他方、商品が認可制でないことやセーフティーネットが存在しないことなどとの関係で長期・多額の保険を販売することができず、かつ年間保険料の合計が上限50億円までという規模のメリットも享受できない事業拡大に制限のある業種である。

　このため、コストを販売や契約維持、請求・支払いにかけられない。したがってITを可能な限り活用する必要があり、かつシステムを内製化するのではなく、外部の既存のシステムを利用する方向で経営を行うことが合理的である。

　販売面から見てみよう。少額短期保険業者の広告宣伝を新聞やテレビで見ることはほぼないのではないだろうか。また、人による対面販売も、たとえば家財保険の不動産管理業者によるものやペット販売店によるペット保険などを除けば、行われていないであろう。これはマーケティングや顧客の獲得に従来の保険会社のようにはコストをかけられないからである。

　販売面で今後期待されるのは、ロボアドバイザーによるブローカー業務であろう。上述のとおり、AIの活用は顧客対応の部分と保険金支払いの部分に利用が始まっている。販売面でもAIの活用がもっと進んでよい。ただ、この場合、少額短期保険業者の商品だけの比較サイトではなく、保険会社の商品と並び比較されることが想定される。

　商品面で今後期待されるのは、ニッチニーズへの引き続きの対応であろう。妊娠中や不妊治療中の方への保険、外国人向け保険、フリーランス向けの保険などがすでに存在する。今後は、たとえば民泊を営む方向けの保険、副業を営

む人向けの保険などが考えられるであろうか。

　あるいは現在の保険で担保外となっているもの、たとえばバイク盗難保険などに類するものも考えられよう。保険金額を小さくして、水災を担保する家財保険などは検討できないだろうか。

　次に請求・支払い面での IT 活用の進化も期待される。スマートフォンで請求・支払いまで完結する少額短期保険業者の仕組みがあることは説明したが、保険の給付内容によってはまだ IT 化に至っていないものもある。海外ではブロックチェーン技術を活用して、死亡情報や入院情報を取得することにより支払いを行う保険も存在する。直ちにこのような取組みができるかは別として、請求・給付の IT 化・簡素化に向けた検討が行われることが望まれる。

索　引

著者紹介

松澤　登（まつざわ　のぼる）

株式会社ニッセイ基礎研究所常務取締役研究理事、東京大学経済学部非常勤講師（2022・2023年度）、大阪経済大学非常勤講師（2018～2022年度）

1985年東京大学法学部卒業、1989年ハーバードロースクール LLM 取得、金融審議会専門委員（2004～2008年）、日本保険学会理事（2020年～現在）、生命保険経営学会常務理事（2021年～現在）

【主な著書・論文】

『Q&A で読み解く保険業法』（保険毎日新聞社、2022年）、『はじめて学ぶ生命保険』（保険毎日新聞社、2021年）、「金融機関の新たな破綻処理制度と保険会社の課題」保険学雑誌第626号（2014年）51頁、『Q&A 保険法と家族』（共著）（日本加除出版、2010年）、「生命保険会社の国際的破たん処理制度の検討―EU、米国の制度を踏まえて―」保険学雑誌第609号（2009年）99頁、『保険法の論点と展望』（共著）（商事法務、2009年）、「英国オンブズマン制度に関する一考察―告知制度を中心に―」生命保険論集第168号（2009年）207頁、「保険仲介者と募集規制――日本、EU、米国を比較して」生命保険論集第164号（2008年）255頁、「英国と日本におけるプリンシプルベースの監督」生命保険論集第161号（2007年）195頁　　　　　　　等

はじめて学ぶ少額短期保険

著　　　者	松　澤　　登	
発　行　日	2024年 2 月26日	

発　行　所　　株式会社保険毎日新聞社
　　　　　　　〒110−0016　東京都台東区台東 4 −14− 8
　　　　　　　　シモジンパークビル 2 F
　　　　　　　TEL 03−5816−2861／FAX 03−5816−2863
　　　　　　　URL https://www.homai.co.jp/

発　行　人　　森　川　正　晴
印刷・製本　　広研印刷株式会社

本書の内容を無断で転記、転載することを禁じます。
乱丁・落丁本はお取り替えします。